U0591389

档案管理工作优化与信息化建设

吴 迪 张嗣珉 高 尚 著

学苑出版社

图书在版编目（CIP）数据

档案管理工作优化与信息化建设 / 吴迪，张嗣珉，
高尚著 . — 北京：学苑出版社，2023.8
　　ISBN 978-7-5077-6739-1

　　Ⅰ . ①档… Ⅱ . ①吴… ②张… ③高… Ⅲ . ①档案管
理—信息化建设—研究 Ⅳ . ① G270.7

　　中国国家版本馆 CIP 数据核字（2023）第 159240 号

责任编辑：乔素娟
出版发行：学苑出版社
社　　址：北京市丰台区南方庄 2 号院 1 号楼
邮政编码：100079
网　　址：www.book001.com
电子邮箱：xueyuanpress@163.com
联系电话：010-67601101（销售部）、010-67603091（总编室）
印 刷 厂：河北赛文印刷有限公司
开本尺寸：710 mm×1000 mm　1 / 16
印　　张：10.5
字　　数：210 千字
版　　次：2024 年 1 月第 1 版
印　　次：2024 年 1 月第 1 次印刷
定　　价：60.00 元

作者简介

吴迪，本科，毕业于中国人民大学公共事业管理专业，现为河北省秦皇岛市中医医院副研究馆员。多年来从事档案管理工作，参与完成单位档案工作并达到河北省机关档案工作目标管理 AA 级标准；主持编撰秦皇岛市中医医院院史、组织史，参与策划院史馆建设。编撰著作一部，发表专业论文两篇；河北省高层次人才资助项目结题。获得河北省开发利用档案优秀服务成果一等奖两项、三等奖一项，秦皇岛市社会科学重点应用性课题成果一等奖两项、三等奖四项，秦皇岛市思想政治工作创新案例二等奖两项。

张嗣珉，硕士研究生，毕业于天津师范大学政治与行政学院行政管理专业，现为秦皇岛市第一医院馆员。工作中积极研究档案管理专业知识，参与完成单位档案工作并达到河北省机关档案工作目标管理 AAAA 级标准；全程参与编撰秦皇岛市第一医院院史共计三十余万字；独立完成《秦皇岛市第一医院机要文件管理与使用办法》等多项制度并被医院采纳应用，效果良好。工作多年来主要参与完成河北省高层次人才资助项目优秀成果一项，并获得河北省开发利用档案优秀服务成果一等奖四项。编撰著作一部，发表专业论文四篇。

高尚，本科，毕业于中国石油大学工商管理专业，现为河北省儿童医院馆员。曾先后就职于河北省康复医院、河北省儿童医院。工作多年一直从事医院档案管理工作，参与完成单位多项档案制度汇编，参与完成河北省康复医院院史收集汇总，策划实施院史馆建设，参与完成单位档案工作并达到河北省机关档案工作目标管理 AAAA 级标准。荣获河北省人力资源和社会保障研究课题二等奖、三等奖各一次。发表专业论文十余篇。

前　言

随着社会的发展,档案管理工作已经成为现代组织管理中不可或缺的一部分。档案管理工作的优化与信息化建设对于提高档案管理的效率和保护档案的安全极其必要,是目前档案管理界的热点。通过采用现代数字技术手段和信息化管理模式,档案管理工作可以实现管理模式的数字化、立体化、高效化,满足现代化档案管理的需求。信息化建设成为目前档案管理工作的重要内容,同时也是提升信息化管理工作水平的最佳途径,更是信息时代发展的必然趋势。

本书首先阐述了档案的内涵、组成与分类等内容;其次论述了档案管理工作面临的机遇与挑战,从档案收集与整理工作、档案鉴定与保管工作、档案统计与检索工作、档案利用与编研工作等方面着手优化档案管理工作;最后探讨了档案管理工作信息化建设的措施等内容。总的来说,本书主要通过言简意赅的语言、丰富全面的知识点以及清晰系统的结构,对档案管理工作的优化与信息化建设进行了全面且深入的分析与研究,充分体现了科学性、发展性、实用性、针对性等显著特点。

本书共七章,其中第一章、第二章、第三章、第七章第一节,由吴迪撰写;第四章、第五章,由张嗣珉撰写;第六章,第七章第二、三节,由高尚撰写。

在撰写本书的过程中,著者借鉴了国内外很多相关的研究成果,在此对相关学者、专家表示诚挚的感谢。

由于著者水平有限,书中有一些内容还有待进一步深入研究和论证,在此恳切地希望各位同行专家和读者朋友予以斧正。

吴　迪

2023 年 3 月

目　录

第一章　绪论

随着现代文明社会的发展，"档案"早已成了人们耳熟能详的名词，它出现在人们的生活、学习、工作中，贯穿于科研、医疗等各个方面。可以说，档案记录了人们整个生命的全部活动。为了保证档案的完整性、真实性等，档案管理工作应运而生。这是一项复杂且系统的工作，要对这项工作有一个清晰的认识，首先必须对档案本身有一定的了解，然后才能展开对档案管理工作的研究。本章围绕档案的内涵、档案的组成与分类、档案的属性与价值、档案工作的内容与性质、档案管理工作的意义与要求、档案管理信息化发展历程六方面展开。

第一节　档案的内涵

一、档案的定义

中国明清时期已存在"档案"一词，其源于满文化的"档子"和汉文化的"案"。从语义学角度，"档"被释为"横木框档"；在《说文解字》中，"案"释义为"几属"。"档案"被理解为"存入档案收藏起来的文书、案卷"。

国外"档案"一词源于古希腊文，经古罗马文演变，并发展为现在的英文"Archive"。"档案"的希腊语为"arkhé"，有"开始、戒律"的含义，并且与政府、法律和权力关系密切。"arkhé"与市政大厅（arkheion）词形相近，后者可以理解为"统治者所在的地方"。由此可见，早期档案本身与官方权力机构存在紧密的联系，是权力的象征以及维护政权统治的工具。同时，传统档案多以纸质媒介为载体，并且保存在官方机构之中，从物理的层面可以发现，档案依附于权力机构并且被有效管理，自始至终被完整保存在一个特定空间中。

（一）国外对于档案的定义

1898年，荷兰档案学家萨穆·缪勒（Samuel Muller）、约翰·斐斯（Johan Feith）、罗伯特·福罗英（Robert Fruin）所著的《档案的整理与编目手册》在

1

海牙用荷兰文首次出版，定义"档案是某一行政机关或某一官员正式收到或产生的，并指定由该机关或官员保管的文件、图样和印刷品的总和"。其强调档案的形成主体是机关及官员。1922年，英国档案学者希拉里·詹金逊（Hilary Jenkinson）所著的《档案管理手册》在英国出版，定义"档案是行政管理或行政事务实施过程中所拟或使用，成为该事务过程的组成部分，事后由该事务过程之负责人或其合法继承者保管，以备不时查考的多种文件"。其强调了档案的"查考"价值。1956年，美国档案学者西奥多·谢伦伯格（Theodore Schellenberg）所著的《现代档案——原则与技术》在美国和澳大利亚用英文出版，定义"档案是经过鉴定值得永久保存以备查考和研究之用，业已藏入或者业已选出准备藏入某一档案机构的任何公私机构文件"，其强调了档案需要经过鉴定并具有永久保存的价值。1982年，苏联《社会主义国家档案术语词典》中定义"档案是用文字、图表、照相、录音或其他方法，把客观事物和人员思维活动的信息固定在任何载体上的产物"。其强调了档案具有丰富的载体和形式。1984年，《档案术语词典》中定义"档案是出于利用的目的或因为档案的价值，经过挑选或未经挑选的，由某个适当的档案馆永久保存的非现行文件"。2011年，联合国教科文组织发布《档案共同宣言》，将档案表述为"各种形式的决策、行动和记忆的记录，是代代相传的独特且不可代替的遗产"。

（二）国内对于档案的定义

2006年，中国人民大学原常务副校长冯惠玲所著的《档案学概论》在中国人民大学出版社出版，定义"档案是社会组织或个人在以往的社会实践中直接形成的具有清晰、确定的原始记录作用的固化信息"。其突出了档案的原始记录性。从记忆的角度出发，档案是汇聚历史记忆的符号象征。从文化遗产的角度讲，档案不论以何种形态呈现，其自身承载的历史文化都是弥足珍贵的。2020年6月20日修订版《中华人民共和国档案法》中所称的档案"是指过去和现在的机关、团体、企业事业单位和其他组织以及个人从事经济、政治、文化、社会、生态文明、军事、外事、科技等方面活动直接形成的对国家和社会具有保存价值的各种文字、图表、声像等不同形式的历史记录"。

由于历史时期和社会环境的不同，档案的定义呈现出差异，在文件、信息、数据、记忆或等方面各有侧重，原始记录性成为档案最基本的特征。传统的档案着重发挥"凭据"职能，作为一种历史依据被妥善保管。随着社会档案意识的提高，档案所蕴含的个体记忆乃至社会记忆越发受到关注。档案作为珍贵的文化遗产，映射了时代的记忆，其隐藏的巨大文化价值同样值得保护和传承。

数字时代下的档案定义不断演变，"数据存档"的概念深入人心。Web 2.0 时代以来，每个人既是信息消费者，又是内容生产者。个体可在社交平台上公开发表观点，获得大众关注。个人的创作内容全部记录在个体账号中，便于大众随时访问。从档案的角度讲，这也是一种个人化档案。"数据"作为数字时代下的基本单位，已融入我们的日常生活。由数字信息汇聚形成的档案数据库，记录了一切信息，作为一种可以被自由调配的公共资源，在民生服务、城市建设、文化研究等方面发挥重要作用。此外，档案媒介形式也更加多样化，借助数字平台和技术，实物档案逐渐转化为数字档案，通过图片、影像、声音等各类媒介传播，媒介形态更加多样。

由此可见，档案由官方化转向大众化，由严肃转向开放，由实体转向虚拟，其内涵正变得更加丰富。档案的概念由传统的"文件、文档"扩展为人类活动的信息遗存，其"泛化"主要体现在以下几个方面：一是观念层面，档案逐渐融入大众的意识，大众对于档案的理解并不局限于其源于正式的立档组织，企业、个人等主体都可建立属于自己的档案，民间档案、个人档案也拓展了档案的概念；二是组织层面，档案不局限于存放在档案馆机构，越来越多的图书馆以及博物馆也开始收集整合各类档案文献资料，包括纸质、实物、影像档案等各类形态；三是学术层面，档案作为独立的研究学科，其研究范式呈现出多样化发展的态势，包括档案的资源管理建设、档案记忆等领域。

二、档案的基本特征

（一）来源的广泛性特征

档案是国家机构、社会组织和个人在各项活动中直接形成的，从一定意义上讲，人类活动就是不断生成信息、利用信息的过程。档案作为一种信息载体，和人们的社会生活紧密相关。只要有人类活动就必然会产生档案。具体地说，档案源于各种机构和个人，是在他们从事政治、经济、科学、技术、文化、宗教等活动中产生的。前者包括机关、团体、军队、企事业单位等组织，后者涵盖了家庭、家族和个人。可见，档案的形成主体几乎包含了社会活动的所有主体，这就决定了档案来源的广泛性和档案内容的丰富性。

（二）形成的原始性特征

原始性是指档案的历史记录性，是档案的本质属性。档案不是事后编写和随意搜集的，而是从一定时间和地点直接使用的原始文件材料转化而来的。

　　档案是一种信息载体，然而信息载体不只有档案，如图书、资料等都是重要的信息载体。但是，档案之所以成为档案而不是其他，是由其形成特点决定的。档案直接源于人们的各种社会活动，是"原始的第一手资料"，其内容具有原生性、真实性，是直接、客观、准确地记述和反映形成主体"自己"的活动的历史记录，因而具有依据作用、证据作用。图书、情报、资料等是为了了解外部情况通过交流、搜集等渠道获得的，而非"自己"直接形成的，是"第二手资料"，所以仅有参考作用。

（三）形式的多样性特征

　　随着社会的进步，档案的形式不断发展变化，从前文的介绍可以看出，由于信息记录方式和载体形态的多样性，档案的形式多种多样、丰富多彩。从档案载体的演化看，古有甲骨、金石、青铜、竹简、缣帛等，今有纸张、胶片、磁带、光盘等；从信息记录的方式看，有刀刻、手写、印刷、摄影、录音、录像等；从表达方式看有文字、图像、声音等；根据档案文件的种类和名称，有诏书、奏折、照会、条约、命令、计划、总结、手稿、日记等档案。

（四）生成的条件性特征

　　档案是由文件转化而来的，但并不是所有的文件都能成为档案，文件转化为档案是有一定条件的。文件转化为档案有以下前提条件。

　　一是已经处理完毕的文件材料才能成为档案。正在承办的文件，是现行文件，不是档案材料。完成传达和记录使命的具备查考作用的文件才可以说是档案，也就是说文件是档案的前身，档案是文件的归宿。

　　二是具有保存利用价值。只有对以后工作和科学活动具有查考利用价值的文件才有必要转化为档案，作为档案来保存，档案是经过人们的鉴别挑选后保留下来的文件。因此可以说文件是形成档案的基础，档案是文件的精髓。

　　三是档案是要按照一定的方法组织起来的文件材料的有机整体，不是零散堆积。也就是说档案要通过归档整理等工作，把文件材料组织成有机整体才能算是具有科学意义的档案。档案范围之广、数量之多几乎难以估量。我们知道，档案源于各级组织、单位和个人的各项活动，但是，不同的主体、不同的活动在国家和社会事务中的地位、作用不同，由此所产生的档案的重要程度也不同，甚至价值悬殊。有的档案只对形成者具有保存利用价值；有的档案不仅对形成者有价值，其内容信息还关乎国家和社会利益。这些档案如果遭受损失或泄露内容，不仅损害档案形成者的利益，而且还会危害国家和社会的利益。显然，对国家和社会具有保存利用价值的档案特别重要，必须严加管理，确保其完整与安全。为了达到这一目的，我国制定了《中华人民共和国档案法》，明确将对国家和社会具有保存价值的档案列为法定档案，对法定档案必须依法管理。

一般档案与法定档案的关系应该说两者既有联系又有区别。它们的联系是，两者都是人们在各项社会活动中直接形成的原始记录，有着档案的共同属性，并且一般档案包含着法定档案，法定档案寓于一般档案之中。两者的区别主要在于价值的不同，法定档案是一般档案中特别重要，即对国家和社会有保存价值的部分，由此，法定档案的范围小于一般档案。

三、档案的效益体现

档案保管的目的在于被有效利用，档案的效益体现在以下几个方面：①社会效益：如编史修志、历史教育、名人传记撰写、技术创新、政策制定等。②文化效益：从古至今，档案及档案机构不断变化着，有着"天府""石渠阁""兰台""东观""甲库""架阁库""后湖黄册库""皇史宬"等称谓，现今还延续着"兰台"这一称谓，泛指档案、档案工作者。档案本身文化底蕴悠久，档案记录历史中又传承着、记载着悠久的中华民族文化、军事文化等，我们可以通过档案进行文化教育、爱国主义教育、革命传统教育等，这都是档案的文化教育效益。③经济效益：档案的经济效益可能不会直接体现，但有效的利用可以降低成本或者间接产生经济价值，从而产生经济效益。

此外，档案的效益体现，不一定在利用当时就显现出来，往往存在一定的滞后性。

第二节　档案学的结构组成及档案的分类

一、档案学的结构组成

1988 年中国人民大学出版社出版的《档案学概论》中，档案学的基本结构具有一定的趋同性，即都可以分为档案、档案工作、档案事业和档案学四个部分。

（一）档案

档案是包括档案学研究在内的一切档案现象的"根源"。

档案包括档案的起源、档案的定义、档案的属性、档案的价值和作用、档案的种类和形式以及国家档案全宗等问题。

（二）档案工作

档案工作的出现是档案的内容、形式与社会需求之间相互作用的结果。

档案工作包括档案工作系统的结构与功能、档案工作系统的基本特征、档案工作与社会环境、档案工作领域中的矛盾运动、档案工作的发展规律、档案工作的性质、档案工作的基本原则以及档案工作现代化内容等问题。

（三）档案事业

档案事业是以管理和开发国家档案信息资源、服务于国家各项事业为宗旨的，包括各种档案机构活动和必要工作条件在内的一项专门事业。

档案事业包括国家档案事业的概念、档案事业管理工作、部门档案室工作、档案馆工作、档案专业教育与人才管理、档案科学与技术研究工作、档案宣传出版工作以及国际档案界的交往活动等问题。

（四）档案学

档案学包括档案学的研究对象与任务、档案学的一般特征、档案学的体系结构、档案学的学科属性、档案学与相关学科、档案学的研究方法以及档案学的产生与发展等。档案学是以档案现象为研究对象，以揭示档案现象的本质和规律为目标的学科。

二、档案的常见分类

根据档案的不同属性和科学管理的需要，可采用不同的标准，从各种角度划分档案的种类。

（一）按形成时间划分

按照形成时间可以分为古代档案、近代档案和现代档案。

古代档案是指 1840 年（不含）以前所形成的全部档案。

近代档案是指 1840 年至 1949 年 10 月 1 日中华人民共和国成立之前的各个历史时期形成的各种内容和形式的档案。

现代档案是指 1949 年中华人民共和国成立以来党和国家的中央和地方各级机关、团体、企事业单位形成的档案以及由国家征集和个人捐赠的某些著名人物档案。

（二）按内容标准划分

按照内容标准可以分为文书档案、科技档案、人事档案、会计档案、医疗档案、城建档案等。

1. 文书档案

文书档案主要指机关、团体、企事业单位在行政管理事务活动中产生的，由各种重要的、有保存价值的文书材料转化而来的档案。它是对由通用文书转化而来的那一部分档案的习惯称谓，包括命令、指示、决定、布告、请示、报告、批复、通知、信函、简报、会议记录、计划和总结等。

2. 科技档案

科技档案是指人们在科技、生产和基本建设等活动中形成的、具有查考利用价值、已经归档保存的图纸、图表、文字材料、计算材料、照片、影片、录像带、磁带、光盘等各种类型和载体的科技文件材料。

3. 人事档案

人事档案是记录和反映个人德能勤绩廉等综合情况，经组织认可归档保存的档案。人事档案具备一般档案最基本的性质，即原始记录性和社会服务性，这是其他文化形式不可代替的。人事档案是公共管理过程中的重要工具。

4. 会计档案

（1）会计档案的定义

各类会计档案不仅是国家档案的重要组成部分，同时也是各企事业单位所留存归档的重要文件。通过翻阅各类存档管理的文件，可以直观地反映出各单位在具体年度、月度内的经济业务活动，清晰定位每一次活动的具体业务实质。除此之外，各类档案的存档管理还可以为国家、为社会提供完整而详尽的基础经济资料，为国家制定宏观经济政策、为单位制定具体经营决策提供有效的资料参考。

《中华人民共和国会计法》中有明确的规定："各单位对会计凭证、会计账簿、财务会计报告和其他会计资料应建立档案，妥善保管。会计档案的保管期限和销毁办法，由国务院财政部门会同有关部门制定。"因此，由国务院财政部和国家档案局会同制定的《会计档案管理办法》是会计档案管理的主要法律依据。

（2）会计档案的内容

会计档案存放管理资料通常涉及以下四个方面：会计凭证、会计账簿、财务会计报告以及其他会计资料。

①会计凭证，包含原始凭证、记账凭证。

②会计账簿，包含总账、明细账、日记账、固定资产卡片及其他辅助性账簿。

③财务会计报告，包含月度、季度、半年度、年度财务会计报告。

④其他会计资料，包含银行存款余额调节表、现金对账单、季度月度年度纳税申报表、会计档案移交清册、各类保管清册及销毁清册、会计档案出具的鉴定意见书及其他具有保存价值的不同形态的会计资料。

以上会计档案资料在形成后要及时进行订装管理，按照时间序时排放保存，并按照有关政府及单位部门规章，从每个会计年度终了后的第一天起，按照各自资料所对应的档案保管期限进行安全且密闭的保管。

5. 医疗档案

医疗档案是医院的重要资料，做好医疗档案的科学管理工作，可以为医院提供可靠支持，不断提升医疗服务质量。

医疗档案记载了医院建院至今的发展历程，梳理医疗档案可以探寻不同时期的医疗事件及人物记录的发展规律。这在现代化强院建设中发挥着不可替代的作用。医疗档案还承载较强的历史意义，其能够对病人入院的诊断、住院期间的治疗以及出院愈后进行全过程的记录，因此，医疗档案能够通过保存每个个案的数据为今后医院综合服务的发展提供指引。

6. 城建档案

（1）城建档案的组成及内容

城建档案是城市建设档案的简称，是指在土地空间利用、城市规划、建设和管理活动中直接形成的，具有保存价值的文字、图纸、图表、照片、声像、电子文件、实物等各种形式和载体的历史记录。根据载体的种类，城建档案主要分为纸质档案、声像档案、电子档案和实物档案等。

这些资料的构成，使城建档案在归档过程中具有"成套性"的特征，这个特征使城建档案可以全方位地反映城市中每一处土地利用和开发建设的由来、流程、技术指标，也使城建档案成了城市变迁的一个缩影。之后，经过新一轮开发建设后，相同的地方又获得了新的城建档案，这使得城建档案的内容总是随城市的更新一同更新，所以城建档案又具有"动态性"的特征。

城建档案在"成套性""动态性"特征的作用下，档案内容会呈现出覆盖面广、专业性强的特点。在业务上，城建档案通常包含以下档案资料。

一是建设工程档案，主要包括：①工业、民用建筑工程；②市政基础设施工程；③公用基础设施工程；④交通、港口、水利基础设施工程；⑤园林绿化、生态环境建设工程；⑥文物古迹、风貌保护建设工程；⑦市容环境卫生设施建设工程；⑧城市防洪、抗震工程；⑨各类地下管线（含给水、排水、燃气、热力、电力、通信、广播电视等地下管线及其附属设施）以及人防等地下空间工程；⑩与城市规划建设相关的军事工程、保密工程；⑪国家和本市规定的其他应当归档的建设工程档案。

二是规划资源、建设、交通、水务、绿化、民防、消防等行政管理部门形成的业务管理和业务技术档案。

三是已批准的城市总体规划、分区规划、详细规划、专业规划以及与城市有关的国土规划、区域规划、土地使用现状图等反映城市规划和土地利用情况的有关档案资料。

四是具有历史、艺术、科学价值的建筑物、构筑物（包括城市雕塑）以及古树名木、古园林等的历史档案资料。

五是反映城市的经济、人口、水文、地质、地名、测绘、资源、气象、地震等方面状况，可供城市建设利用的基础档案资料。

六是有关城市规划、勘测、建设、管理的政策性文件、法律法规、科研成果等方面的档案资料。

七是其他有保存价值的城市建设档案资料。

（2）城建档案的价值与作用

根据 2020 年 6 月 20 日修订的《中华人民共和国档案法》，档案是指各机关、单位及组织、个人从事各类活动直接形成的有保存价值的各种形式的历史记录。这些历史记录汇集而成的档案都具有以下作用：生产、文化活动的依据作用，即凭证作用；各类活动经过、事件描述、物质构成的叙述作用，即记录作用。

一定程度上，城建档案在土地利用开发、城市建设活动中将档案的凭证和记录作用发挥得淋漓尽致。

城建档案的重要性，可以从服务对象对城建档案的实际需求来体现，主要包含档案的凭证、依据作用以及其社会性价值。从城建档案的服务对象来划分，主要分为城建系统内的单位、其他企事业单位、社会大众，他们各自的需求也不同。

对于城建系统内的单位来说，城建档案的重要性是为城市建设和社会资源的区域性配置提供参考价值，城建档案中所涉及的大量公共配套设施（桥梁、道路、水泵、电站、医院、学校、社区公共服务中心、公园等）、各类公共管线、各类民用建筑等（住宅、商业、办公建筑）都需要在城市中进行精细且有计划的布局。这些复杂的规划工作需要依托已经存在的资源配置（建筑、管线），所以就离不开大量的城建档案作为依据和凭证。

对于其他企事业单位而言，城建档案可以为其生产活动或者行政行为提供参考和便利性。一个建设单位在其项目的全过程中，需要了解土地信息、规划信息、自身待建的建筑信息（被审批的内容）、周边的建筑信息（日照分析、抗震测试等）。一个机关单位也会存在涉及城建档案的部分，如城管拆违就需要工程建设规划许可证档案的图纸作为认定是否违章的依据，进而以此实施处罚和执法行为；教育局基建处有一批在用的教学楼和宿舍，因为历史原因迟迟没有办理房产证，城建档案这时就可以发挥凭证作用，为其办理房产证书，使建筑合法化。

对于社会大众来说，城建档案则与民生福祉相关。例如，城市内的老旧建筑若想加装电梯，就需要这些建筑的原始图纸作为参考，有这些参考可以为居民省去不少建筑实测的费用；居民区内隔了一些年份后的大修，也需要城建档案作为参考，从建筑结构、建筑立面、设备层布置、小区道路、管线（强弱电、水）等诸多方面为其提供精确的施工依据；甚至部分小区居民的家居装修也可以根据建筑平面图、结构平面图等来进行更合理的设计。

因此，城建档案作为城市建设活动中的重要组成部分之一，对于解决城市规划工作中如何开展下一步空间布局、公共资源配置等与全社会息息相关的宏观发展问题具有重要意义。进一步说，今天的城市建设成果又会汇聚成新的城建档案，为明天的建设需要服务，城建档案的"动态性"特征又得以体现。

此外，城建档案的记录作用能将档案作为载体从多个角度向全社会展示城市的方方面面，而其"成套性"的特征又能完整地反映出城市某地区在某一时期的历史风貌，是城市历史和文化的展示，这也可以在各地区的地方志中感受到，而城建档案也是地方志编写过程中的重要参与者。

从某种意义上说，城建档案的价值是复合的、复杂的。利用其记录、凭证作用并依托"动态性"的特征，参与并贯穿城市规划、建设和管理全过程，可以在时间维度上展示城市发展的成果，既能让全社会感受到在凭证作用下的社会发展成果的科学性、合理性，还能更进一步让人看到城市变迁的"温度"。这时城市就不再是人们生活的容器，而是成了人们记忆的载体。此时城建档案就成了一座城市的"活历史"。

换个角度看，城建档案可以凭借记录、凭证作用和"成套性"的特征，参与到城市更新、社区发展和人文建设中去，可以在城市文化风格的维度上传承，这时城建档案就成了一封城市的"说明书"和"明信片"，城建档案中对城市有越多的细节展示，就越能描绘出城市现今的精神文化风貌。

（三）按形成领域划分

按照形成领域可以分为军队档案、政府档案、企业档案、家庭档案、名人档案等。

1. 军队档案

军队档案是指军队单位、人员在各项工作中直接形成的具有保存价值的文字、图表、声像等各种形式的历史记录。把握军队档案的特殊性内涵，就是要把握住军队档案资源承载的悠久的军事思想、军事历史记忆，自觉地认识其丰富的历史文化价值。军队档案资源存在的意义在于如何发挥其对军队建设和发展的指导作用。

2. 政府档案

政府档案是指过去和现在的机关、团体、企事业单位和其他社会组织在公务活动中直接形成的对国家和社会具有保存价值的原始记录信息。与其他类别档案相比，政府档案因其形成背景的特殊性，具有较强的政治性和权威性，是国家档案信息资源的重要组成部分。政府档案的形成主体和保管机构均是国家机关、企事业单位、团体和其他社会组织等，因此，政府档案归国家所有，社会公众可依法、依程序合理利用。

3. 企业档案

企业档案在企业的生产经营和各项管理活动中发挥着不可替代的凭证作用。企业档案是指企业在生产经营和管理活动中形成的对国家、社会和企业而言具有保存价值的各种形式的文件材料，它记载了企业生产、供应、销售等各个环节，对于更好地实现管理职能、完成企业经营目标具有重要意义。

企业档案作为企业在从事各项生产、管理、经营及服务等活动中形成的由各种数据、信息和知识构成的有机原始记录，可以为防控企业法律风险、认定企业责任事故主体、研究解决技术及管理问题提供有力的信息支撑。

4. 家庭档案

家庭档案是人民群众在长期的社会生活中形成的原始记录，不仅真实反映了家庭成员自身的过往经历及发展变化，也构建了社会记忆、反映了社会变迁，为我们认识自己、认识世界提供了思路。

家庭档案可以从微观角度反映人类记忆的发展脉络，家庭档案的价值在社会记忆的构建中尤为明显，被认为是社会记忆的重要媒介。我们需要了解家庭档案的基本内容，只有这样才能准确地理解和掌握家庭档案。为了更好地利用家庭档案，有必要了解家庭档案的构成和特点。

（1）家庭档案的构成

随着家庭建档工作的深入开展，积累的档案数量越来越多，内容越来越庞杂，对有价值的资料进行收集，并依据种类进行划分，具有重要作用。在整理家庭档案之前要先分类，分类质量的好坏对于整理工作的质量及以后的查找使用都有较大的影响。家庭档案囊括了生活的各个方面，种类繁多，以家庭档案材料包含的内容为依据来整理大体分为九大类，每个类别的家庭档案的构成内容如表1-1所示。

表 1-1　家庭档案的类别及其构成内容

序号	类别	构成内容
1	证件类	包括出生证、独生子女证、居民身份证、毕业证、驾驶证、党团证、出国护照等材料
2	财产类	包括存折、信用卡、经费收支记录、保险单、股票、债券、收据、借贷款合同、购房合同、购物发票和贵重物品清单等材料
3	家庭历史类	包括家谱、族谱、家史、家规、家戒、家范、家训、传记、家庭大事记、家庭年鉴、家庭志、有纪念意义的家庭音像资料等材料
4	医疗保健类	包括医保卡、药方、诊断书、体检报告、化验单、病历卡、住院记录、病情记录、药物过敏记录、营养保健手册、饮食禁忌等材料
5	照片（音像）类	包括家庭成员各时期的照片；结婚、寿庆等重大活动，旅游观光、聚会娱乐等形成的照片、音像材料
6	社会交往类	包括通信录、同信录、家庭成员之间及与亲友之间的书信、邮件、成员在社会交往中的名片、成员收到的社会邀请的邀请函、请柬等材料
7	家庭收藏类	包括名人字画、摄影作品、工艺品、古玩、古籍、集邮册、门票、奖杯、乐器、纪念品等材料
8	文化教育类	包括学习成绩单、录取通知书、手稿、著作、报刊发表的文章、学生评语、学习奖惩、读书笔记等材料
9	工作活动类	包括专利发明、经验总结、职称评定、业务考核等

家庭档案没有统一的分类标准，每个家庭成员间的文化层次以及职业经历有

所差异，而且每个家庭所处的时间和空间维度也有所不同，所以在这种差异性的环境下创造出来的家庭档案在内容和数量上也大相径庭，按照实际需求选择合适的分类方法，以方便查找利用和安全保存为目的。

（2）家庭档案的特点

家庭档案通常使用文字、影像等方式对家庭发生的事务以及社会活动进行记录。家庭档案属于档案的一种，因此具备档案的属性和特征。但由于家庭档案的产生主要来自家庭，所以相比于其他类型的档案，它有自己鲜明的特征。

①私有性。由于家庭档案的产生有一定的特殊性，因此一般由家庭成员自己保管。对于别的档案而言，家庭档案具有很强的私有性，其私有性体现在家庭成员有进行整理、保存、使用和处置的权利。家庭成员可以向国家和社会捐赠或者转让具有保存价值的家庭档案，以防止珍贵档案的丢失和破坏，对于那些没有价值和超过有效期的家庭档案，家庭成员也有权利选择销毁或者保留下来。

②隐私性。家庭档案反映了本家庭的真实情况，有些内容涉及了家庭及家庭成员的隐私，是不希望被别人知晓的，如病历档案、存款档案、人事档案等，一旦非法公开，会造成公民人格尊严受到严重损害或者造成重大的经济损失。家庭档案的隐私权是受法律保护的，在没有获得当事人同意时，不可直接利用涉及他人家庭隐私的内容。

③广泛性。家庭档案源于过去的家庭、现在的家庭以及将来的家庭，如果把家庭当作一个立档单位，这些家庭产生的档案数量难以估计。与机关组织等事业单位的其他档案相比，家庭档案的社会属性更加明显。

④社会性。一方面，家庭档案是社会文明发展的见证者，随着人们生活水平和知识水平的提高，家庭档案见证了社会的演变。家庭档案的产生离不开日常生活，它记录了生活的点点滴滴，是社会活动的原始记录，具有一定的文化价值和传承价值，可以更大程度上走出家庭传播到社会，成为全社会的财富和瑰宝。另一方面，家庭档案的建立有利于家庭和睦，增强成员间的情感联系，同时他们在整理档案的过程中，会对档案形成新的认识，有助于推动我国档案工作事业的发展。

⑤多样性。家庭档案除了原始的纸质载体和实物载体之外，在信息时代又产生了多样化的虚拟载体，比较常见的包括云盘、电脑和硬盘等，可以很大程度地节约时间和精力，还可以有效地节约空间，避免过去的单一性存储方式，实现多处备份，从而避免意外事故对于家庭档案所带来的毁灭性破坏。

⑥丰富性。家庭生活是千姿百态、丰富多彩的，生活中的点点滴滴都可以作

为家庭档案的内容，涵盖了经济、文化、政治、娱乐等方面。一个家庭的档案内容可能比较少，涉及的范围很窄，但若是所有家庭档案组合在一起涉及的范围就非常广了，这是因为不同的家庭有不同的经济水平、生活方式、思想观念，导致家庭内部成员有不同的人生观、价值观和不同的人生经历，因此对同件事物的价值判断必然会有很大不同，所反映的内容也不同，成千上万的家庭档案反映了社会的各个方面。

5. 名人档案

名人资源是一种稀有的文化资源，在增强民族文化认同、加强民族文化自信心等方面发挥着重要作用。界定名人档案，是认识其内涵的基础，解读其概念，有助于正确认识其研究对象，理解其内涵。

（1）名人档案的概念

名人档案是指在日常活动中形成的记录国内外的政治、经济、科学、教育、文化、宗教等领域对国家、经济、社会发展产生深远影响的名人信息构成的重要文献资料。

（2）名人档案利用的功能

名人档案作为社会公众人物信息的主要载体，具有更加广阔的价值空间，名人档案越来越受到各级各类档案馆的重视，其开发利用程度不断提高。了解名人档案利用的社会功能，发挥名人档案的重要作用，具有重大的现实意义。名人档案利用的功能包括教育功能、互动功能、文化建设功能。

第一，教育功能。名人档案不仅记录了历史上许多重要人物的生平事迹，而且也保存了很多宝贵的文献资料，反映了他们对社会的巨大贡献，同时包含着大量珍贵而丰富的信息资源。名人档案具有鲜明的名人人文色彩，这是最直接、最生动、最有力的材料，对后人进行爱国、革命传统的培养都是极为有益的，可以激起民众的爱国热情，建立正确的人生观和价值观。

名人档案是其个人生命中最重要的一种社会行为与精神载体，是一种珍贵的物质与精神资源。名人档案的建立，使其不会因岁月而消逝，而为后人所铭记，对弘扬名人精神、树立良好的学习榜样，有很好的教育和激励作用。名人档案不仅记录了历史人物的生平事迹，而且会对后人产生潜移默化的影响，在一定程度上还反映出社会发展水平和时代变迁的轨迹。因此，加强名人档案管理是有教育意义的。另外，爱国主义是国家精神的一个重要内容，名人档案资料中记载了国家发展各个时期的真实情况和历史纪录，对进行爱国主义教育具有重大意义。

第二，互动功能。这一功能是指将名人档案运用置于全社会的层面，对其进行综合分析，力求发挥各方面的综合作用，从而推动各方面作用相互促进，从而形成一个良性的循环。在挖掘和利用名人档案的过程中，名人档案的大量存在是挖掘和利用名人档案的物质基础和前提。但是，目前我国在名人档案开发利用中还存在着许多问题，如收集不够全面和齐全、利用率低、管理不善等，这些都严重影响了对信息的有效利用。所以，要充分发挥名人档案的作用，就需要不断地充实其信息量、充实其内容，并为政府部门和社会提供充足的档案资料。要以档案资料资源的开发与利用为导向，服务于政府工作与社会的各方面，并能有效地推动图书馆资料资源的开发与利用，使之发挥其应有的效益与作用。

第三，文化建设功能。名人档案的文件特征是在社会发展的历史进程中一种具有普遍性的文化现象，它是历史上的名人在自然、社会、历史等方面形成的一种特殊的文化现象。名人档案是名人思想、行为、道德和贡献的重要体现。今天，全世界的档案工作者在为记忆而建造。名人档案是人类社会的结晶，同时也为后人了解这个国家、民族的历史提供了珍贵的资料。因此，名人档案的文化建设对于服务社会具有重要意义。

（四）按载体形式划分

按照载体形式可以分为纸质档案、电子档案、声像档案、实物档案等。

1. 纸质档案

在华夏五千多年文明的孕育下，纸张成了中华民族精神文明的重要载体，更是炎黄子孙智慧的结晶。纸质档案是指以纸张为载体的一种档案，最先产生于中国，东汉时就已经应用在文件撰写方面，直到现在我们仍然使用纸质档案，其优点较多，便于管理和利用。

2. 电子档案

随着计算机技术的迅猛发展，人类已经进入了信息时代，信息时代的基本特点是信息资源数字化和信息传递网络化。在此背景下诞生的电子档案主要是指由计算机生成并主要在计算机中使用的档案文件。

电子档案的特性包括以下几方面。

第一，电子档案基于系统生成，并且在创建电子文件的同时生成相关元数据。从创建电子文件到归档形成电子档案的整个过程都离不开系统支持，元数据记录了各种痕迹、特征，是电子档案系统依赖性的直接体现。

第二，由于在虚拟环境生成，档案工作者难以通过固定载体来判断电子档案是否为原件。电子文件从生成到归档始终处于实时运转状态，由于其与载体的可分离性，判断是否为原件需采用技术手段。

第三，电子档案的存储时间长且要求高。不同种类档案的重要性和保存要求也存在差异，复杂的数据形态和巨大的数据体量也对电子档案的保存构成了挑战，因此，电子档案的存储要求比普通计算机数据严格得多。

3. 声像档案

我们熟知的"声像档案"这一术语称谓经常被档案管理部门所应用，主要用于将其与文书档案进行区别。随着现代信息技术的发展，"声像档案"出现多种称谓，而目前在声像档案相关标准 DA/T 78—2019 中，出现了"录音录像档案"这一称谓，并将其分为"模拟信号录音录像文件"以及"录音录像电子文件"，将声像档案中以音视频形式记录的文件单列出来进行界定，与 GB/T 11821—2002、DA/T 50—2014 两项标准中的"照片档案"及"数码照片档案"并列，甚至直接将"声像档案"用"录音录像类档案"进行统称。一般认为"声像档案"包含模拟形式、数字形式的录音录像档案及照片档案。

对于声像档案的定义，学术界不同学者有不同的看法，目前针对声像档案概念界定的主要侧重点包括突出载体独特性以及其属概念两方面。关注载体特性的定义，最具代表性的是国家档案局行业标准《档案工作基本术语》（DA/T1—2000）中的界定，该标准指出：音像档案是记录声音或影像的档案，包括照片、影片、录音带、录像带等。

有学者认为声像档案是"音像制品及其文字等材料"，也有学者认为其属于一种"专门档案"，也叫视听档案。根据以上对于声像档案的理解，可以看出，随着时间的推移以及各种计算机技术、智能化设备的发展，声像档案能够突破传统载体的限制，数字声像档案占据声像档案的主要位置。列举部分载体形式体现其特殊性来区分声像档案显然不是很科学，但依然是通过音视频形式展现其独特性的，所以可以将其表现形式作为其特点。而在属概念方面，依然具有与档案相同的原始记录性。因此，声像档案主要是指国家机构、社会组织以及个人在社会实践活动中形成的以音频、视频、图片等形式为主的对于国家和社会而言具有保存价值的，依附在不同材料载体上的档案。

4. 实物档案

实物档案是机关、团体、企业、事业单位和其他组织以及个人在日常工作与活动中形成的具有保存价值的以物质实体为载体的历史记录。实物档案具有直观性和多样性的特点，也具有一定的宣传性、保护性和艺术观赏性。做好实物档案管理工作，推动实物档案管理进一步规范化、科学化十分必要。

第三节 档案的属性与价值

一、档案的属性

档案的知识属性和信息属性是档案一般属性的重要表现，而档案的本质属性则是原始记录性。

其一，从档案的形成过程来看，档案是人类在社会实践活动中直接形成的，也就是特定的形成者在当时当地履行职能任务和进行其他活动时产生的，是随着工作活动的客观需要形成的，事情怎样进行，人们怎样活动，档案上就怎样记录。

其二，从档案产生与形成的目的来看，档案的产生与形成不是为了形成档案供人们阅读、欣赏，而是为了处理当时某种事务、进行某项工作、开展某项活动的需要而产生的。由于事情完毕之后对机关工作、经济建设、科研生产等方面仍有查考、凭证等功用，才归档保存起来，因而它具有很强的原始记录性。

其三，从档案的形式与内容来看，档案在形式与内容上往往保留着原始标记，如签名、批示、印信等，反映了档案形成者的笔迹、名称、声音、图像，表现出高度的原始记录性。

二、档案的价值

（一）档案的基本价值

档案的价值一般体现在以下两方面。

1. 凭证价值

凭证价值代表了档案的基础属性与特有属性，这也是档案不同于其他文字材料最基本的特点。档案的这种凭证价值能够成为查考、研究和处理问题的凭依，也是认定义务与责任的证据。档案能够具有无可替代的凭证价值，是由档案的形成过程以及内容和形式等特点决定的。档案是在活动过程中形成并直接从使用的文件转化过来的，并没有经过后期的人为干预和处理加工，因此档案客观地记录了所发生的生产生活情况，能够令人信服。对于纸质档案来说，档案的文件材料上保存着真实的历史印迹，能够直观地辨别出真伪，具有毋庸置疑的证据作用。

2.情报价值

档案作为人类知识的一种载体，记录了人们在各种社会活动中的成败得失情况，是情报的重要来源。它对于连续不断的精神生产和物质生产，具有重大的查考作用和情报价值。一方面，它能改变利用者的知识结构。这就是说，利用者的大脑与其要求的档案内容一旦发生联系，其知识结构必然出现相应的变化，或者由不知到知之，或者由模糊到清晰，或者由浅到深，或者由错误到正确，或者由否定到肯定等。另一方面，档案情报又是计划、决策、控制和行动的重要条件和依据。

情报价值是包括档案在内的所有文献的共同属性，但是比较起来，档案的情报价值又具有自己的特点。首先，档案情报有原始性和较强的可靠性。档案不是人们事后回忆或编写的产物，而是由文件直接转化的，一般都是原件。由此产生的情报就是原始性情报，如果利用起来，用户觉得可靠。其次，档案情报对特定的利用者来说又是必不可少的，弃之不用，工作必受损失，这点已为实践所反复证明。

（二）档案的价值规律

档案价值实现具有一定的规律性，具体如下。

1.时间对档案价值实现的双向影响规律

档案价值同时间的关系极为密切，档案价值随时间的变化而有所变化，其影响大体上呈现出两种相反的趋势。一种是递增，即随着时间的推移档案价值呈上升趋势，档案价值呈现出递增性的规律。档案可以在较长时间内实现其价值，如历史档案等。另一种是递减，即随着时间的推移，部分档案的价值呈下降的趋势，档案价值呈现出递减性的规律。档案价值实现具有一定的时效性，如一般的文书档案等。但是从本质上来讲，档案价值的递增和递减是统一的、不矛盾的，正是这种价值递增和递减才真正反映了档案价值的运动规律。

2.档案价值扩展规律

档案的价值是可以扩大和发展的，即档案价值扩展规律。档案价值可分为凭证价值和参考价值。凭证价值是指档案客体能够作为主体需要提供有关个人、组织或某项生产活动的依据所产生的价值关系，也称为第一价值。档案不论从内容上还是形式上，都原始地记录了历史过程的真实面貌。这种原始属性，使它产生凭证价值。参考价值是指以档案内容为主体提供某个方面的需要，能满足某方面的查考。从理论上来看，档案产生初期，主要是满足档案形成者的需要，但是随着时间的推移，档案价值的社会性日益增长，第二价值逐渐增强，开始服务社会，档案工作也逐步由"国家模式"转变为"社会模式"。对于这个特点，科技档案比较突出。

3. 档案价值实现的条件规律

档案价值的实现受到一定的环境和条件的制约和影响。

一是社会政治环境，主要包括社会制度、法律法规、国家方针、政策和战争等环境。

二是社会经济文化环境，包括国家和地区的经济和文化的发展水平。一般经济发达地区，其社会文明程度较高，档案事业就比较先进，社会档案意识就高，社会对档案的利用较多。

三是档案工作内部环境，包括档案管理水平、档案学理论研究水平、档案工作者素质等。所有这些都在一定程度上影响着档案价值的发挥。

第四节　档案工作的内容与性质

一、档案工作的内容

档案发源于早期的结绳、结珠、图画等原始记事记录，它是对人类一切社会实践活动的原始记录。档案这一事物及围绕档案这一事物的人类活动是档案工作的主要对象。因此，可以说，在档案这一事物产生之时起，档案工作也就随之自然而然产生，只是在最初之时人们并未正式形成有档案工作的概念，也未形成系统的相关理论或科学的工作方法，人们只是根据自己的实际需要做着早期档案的记录、整理等工作，而并没有多少档案意识。社会物质生产、经济政治制度、科学文化等各方面的社会环境变化使得档案工作的内涵日益丰富，档案工作的开展逐渐开始牵涉到越来越多的组织或机构，档案工作的特点逐渐显现，档案工作的地位也发生着变化。

现今档案工作的内容，从广义上说，包括机关档案室工作、档案馆工作、档案事业管理工作、档案教育工作、档案科学研究工作、档案宣传和出版工作等。从狭义上说，是指从事的档案业务工作，即档案的收集、整理、鉴定、保管、统计、检索、提供利用、编研等。上述各项工作互为联系、相辅相成，共同构成了档案工作的有机整体。随着档案工作的开展和社会需求的变化，档案工作的结构和内容也会发展和变化。档案工作的各项内容，都是根据社会利用档案的客观要求和科学管理档案的实践需要而形成的。

（一）档案工作的内涵

"档案工作"是一个宏大的概念，其内涵远比字面上的意思要丰富得多。简单而言，档案工作指的是"管理档案和档案事业的活动"，这是我国档案行业标准中的释义。而在档案学教材中的解释则更为具体，如根据中国人民大学教授陈智为编著的《档案管理学》，"档案工作"的概念能从狭义和广义两个层面来理解：狭义层面上的"档案工作"是指档案室、档案馆针对档案这一事物所展开的包括收集整理、鉴定保管、编目检索、提供利用服务等在内的专门业务工作；而广义层面上的"档案工作"包括国家档案事业各个组成部分的工作，其内容不仅包括这种档案室和档案馆的专门业务工作，还包括档案事业管理、档案教育等方面的工作。由学者吴宝康主编的《档案学概论》中指出"档案工作"在广义层面上包括档案管理、档案行政管理、档案宣传、档案教育、档案科学研究以及档案国际合作与交流等。由"档案工作"广义上的含义可初步推知在档案工作中所关联到的组织或机构有档案室 / 档案馆、档案行政管理部门（档案局）、档案提供者、档案利用者、档案教育科研机构、新闻传媒机构等。

随着社会的发展，档案工作的内涵也更加丰富。新一代信息技术的涌现、大数据时代的到来，无疑给档案工作增添了不少新的内容，如档案信息化建设、电子文档一体化管理、数字档案资源的管理等，档案工作所涉及的团体或组织也越来越多，其中的利益关系也更为复杂。档案工作是一项需要由档案机构、档案提供者、档案立法部门、档案利用者等多方力量协同参与完成的以档案资源为主的资源分配与以档案相关利益为主的利益协调工作。

（二）档案工作的地位

"档案"这一事物本身的属性和特点注定档案工作是一项不平凡的事业。档案工作是维护党和国家历史真实面貌、保障人民群众根本利益的重要事业。经验得以总结，规律得以认识，历史得以延续，各项事业得以发展，都离不开档案。2021 年印发的《"十四五"全国档案事业发展规划》中如此描述档案工作的重要性，档案工作的地位也由此可见。

（三）档案工作中的利益相关者

档案工作中的利益相关者就是指影响档案工作发展和目标实现，或者受档案工作目标实现影响的组织或个人，而档案工作的最终目标即使档案能够真正地服务于社会各项实践活动。

据此，立足于已有的相关研究成果，并结合发展实际，总结归纳出的档案工作中的利益相关者识别列表如表 1-2 所示。

表 1-2　档案工作中的利益相关者识别列表

序号	利益相关者	主要作用 / 角色
1	档案提供者（含档案室 / 馆）	提供档案
2	档案立法者（含档案局）	制定档案法律法规及档案规范性文件
3	档案利用者	寻求档案利用
4	档案服务者	提供档案服务
5	档案教育科研机构	负责档案教育科研工作
6	档案学会、档案行业协会	促进档案工作 / 档案行业交流
7	档案志愿服务组织	提供档案志愿服务
8	图书馆等公共文化机构	兄弟机构，可共建共享资源
9	新闻传媒机构	帮助开展档案新闻报道和宣传
10	其他（如摄影 / 环保协会等）	在特定情况下发挥作用

档案工作中的核心利益相关者包括档案立法者、档案提供者、档案利用者以及档案服务者，应当对其给予密切关注；非核心利益相关者仅具备合法性、紧迫性、影响力三要素中的一个或两个，与档案工作直接或间接发生联系。非核心利益相关者又可根据与档案工作相关性的大小进一步分成外围层利益相关者和边缘

层利益相关者。外围层利益相关者包括档案学会、档案志愿服务组织等这类与档案工作关系较为密切、主要工作内容与档案直接相关的利益相关方，而边缘层利益相关者包括图书馆等公共文化机构、新闻传媒机构等，这类组织或机构的主要工作内容并非与档案直接相关，与档案工作关系也不那么密切，只在特定情况下可能和档案相关部门发生合作而产生作用。

二、档案工作的性质

档案工作的性质主要表现在以下四个方面。

（一）服务性

开展档案工作的最终目的是为国家、社会组织、个人提供档案利用服务，进而服务于他们的实践活动。它不直接创造经济效益，也不直接参与科学研究或是艺术创作等活动，其价值是通过这种提供档案信息资源服务于人们的各项社会实践活动的过程得以实现的，因此其属于一种服务性工作。

（二）管理性

从狭义上讲，档案工作就是档案管理工作，是对档案这一事物进行管理的专门业务。由于档案又属于信息资源，所以档案工作也是信息资源管理中不可小觑的内容之一。对于各机关、企事业单位等组织而言，档案工作又从属于某种更大范围或更高层次的管理工作，如人事档案工作是人事管理工作的内容之一。

（三）政治性

档案工作的政治性在档案工作的服务方向、开放度以及机要性三个方面得到有效体现。首先，在服务方向上，档案工作具有阶级性，为一定的阶级利益服务；其次，档案工作在档案机构、档案内容、人员观念等方面的开放度大小因国家、地区、历史时期等的不同而有所差异；最后，档案这种事物本身与国家、民族利益息息相关，这种特点也决定了档案工作的机要性。

（四）科学性

首先，档案资料可为科学研究提供不可替代的基础支撑；其次，档案工作实践本身蕴含着一定规律和科学内容；最后，档案工作要与时俱进，必然依靠现代管理科学知识和现代信息技术在档案工作中的运用。因此，档案工作具有科学性。

第五节　档案管理工作的意义与要求

一、档案管理工作的重要意义

（一）档案收集工作的意义

1. 档案收集是档案工作开展的基本条件

收集是档案工作的基本条件。就档案工作而言，档案收集是第一步，是档案管理的初级阶段。档案工作的主体是原始档案。没有原始档案，一些后续工作无法顺利开展。档案收集的质量优劣与档案工作的系统性、合理性和连续性密切相关。根据我国的相关规定，收集社会上零散的档案和相关文献是获取和积累档案的主要途径。通过这一路径，将分散的原始文件由看不见转变为有序、规范、集中的管理，实现了档案收集的标准化。

2. 档案收集是促进经济社会发展的重要保障

档案是指在重大政治、经济、科学、文化、体育、外事、宗教活动中直接形成的，真实记录经济建设和社会发展中的重要历程和重大历史风貌，对国家和社会具有保存价值的文字、图表、声像、电子文件等。档案的及时收集、安全保管和有效利用，对于丰富档案信息资源，真实记录历史，保持历史的真实面貌，记录改革开放以来现代化建设的成就，促进经济社会发展，具有十分重要的作用。档案是传播知识、传承文明的重要载体，是"这一代能知过去，后代能知现在"的重要素材。为了保证档案的完整，更好地为我国的现代化建设和社会公众服务，做好档案收集工作具有十分重要的意义。

3. 档案收集是档案质量保证的核心

收集是保证档案质量的核心基础。档案收集的完整性和档案收集的价值是判断档案收藏质量的主要标准，也是一个硬性指标。档案收集得越珍贵、越久远，其历史价值就越大，因为它具有证据价值、法律价值、科研价值、参考价值和财务价值，能为社会提供更多的参考。有些人把档案视为历史的粮仓，用各种方法收集文献档案充实粮仓。档案收集的完整性和丰富性是判断档案收集质量的关键，是开展历史研究和档案编制的有利条件，是提高和优化档案质量的有效依据。

（二）档案整理工作的意义

1. 有助于推动有序化管理

档案整理工作就是为了满足管理中的各类需求，要能够及时高效地为事业单位长远规划与发展提供档案资源服务。通过档案整理环节找出档案文件之间的联系，从而科学制定档案分类方法，编排出固定目录，并建立快捷索引途径，这是档案资源信息化建设的基础，有助于推动档案实体管理与电子档案管理的有序化。

2. 有助于科学化管理

对于档案种类较多的单位，如果不进行科学化档案整理，将会影响档案数据的有效利用。档案整理是实现档案科学管理的第一步。如何将各种档案进行有序的整理，将众多零散的文件进行统一的分类，最终形成科学规范的档案，是这一系列操作的基础，是档案整理部门的综合管理工作。因此，应以科学规范管理为主要目的，积极制定科学的档案分类方法，做到科学分类、及时高效、规范，为档案利用创造强有力的条件。

3. 有助于融合信息化管理

信息化技术以其强大的处理速度和存储空间给档案管理工作带来了全新的机遇。整齐有序的纸质档案资料是建立电子档案数据库的基本要件。因此，传统纸质档案与电子档案之间的深度融合离不开科学规范的档案整理工作。新时代的档案整理工作要推陈出新，采用多种现代化技术手段，切实转变传统的档案整理理念，让信息化技术成为档案整理的好帮手。

（三）档案鉴定工作的意义

1. 档案鉴定工作是优化档案资源的有效途径

通过对档案的去粗取精、去伪存真，在剔除、销毁无保存价值的旧档案的同时，可盘活馆藏档案资源，使档案由"死档"变为"活档"，提升档案的质量和利用价值，缓解档案数量多与档案库房和档案设备紧张的矛盾，释放有限的档案存储资源。优化后的档案资源，在方便利用的同时，也最大限度地保证了档案的安全。

2. 档案鉴定工作是决定档案取舍的重要手段

档案鉴定的结果之一就是要剔除那些已过保管期限且无保留价值的档案。档案鉴定工作质量的优劣，直接关系到档案的存毁、档案工作的质量。档案管理人员要树立精品档案的意识，改变只进不出的现象。在具体的档案鉴定工作中，需要鉴定人员准确地对档案的价值进行鉴定，避免偏颇，防止有价值档案流失，真正发挥档案的自身价值。档案产生之初都具有一定的价值，但随着时间的流逝，每一份档案的价值也就不同了，有的价值变大，有的价值变小，有的档案已经失去其保存价值；随着档案数量越来越多，重复的档案时有出现。档案的价值鉴定工作可以去除重复的档案和没有价值的档案，将有用的档案保存下来，便于之后查找和利用。尤其是在信息化时代，档案数量呈几何级数增长，档案的鉴定更能体现其价值，只有通过档案价值的鉴定，资源才能得到合理的利用，档案资料才能"去粗存精"，档案的质量才能得到提升。

3. 档案鉴定工作是合理配置档案资源的基础

档案管理工作包括档案的收集、价值鉴定、整理、立卷、保管、提供利用、销毁鉴定、统计等多项内容。其中，价值鉴定作为基础性工作，对提高档案工作的科学管理水平，有效合理地配置档案资源，促进档案管理各项工作有序开展具有十分重要的作用。

（四）档案保管工作的意义

1. 是推动档案安全管理、科学发展的内在要求

加强档案安全保管文化建设，不仅可以明确档案安全管理的目标，影响档案保管单位及其工作人员在档案安全管理活动中的安全价值判断，约束档案保管单位及其工作人员的安全管理行为，激发在档案安全保管工作中的主动性、积极性和创造性，还可以为档案安全保管确立一套价值标准，促使档案保管单位及其工作人员树立正确的安全价值取向，把被动的管理转变成一种自觉、主动的行为，保证这种安全价值观渗透到档案安全保管的方方面面，弥补行政管理与技术管理的不足。另外，档案安全保管文化作为一种文化形式，一旦形成就会有一个稳定、保持和发展的过程，对于保证档案安全具有管根本、管长远的作用。

2. 是档案工作中最为重要的环节

档案保管工作是国家赋予档案管理机构神圣的责任，档案保管对档案的管理有着巨大作用。档案管理工作质量的好坏对档案管理的水平有着决定性作用。保管好档案，能够为档案管理工作的顺利进行奠定基础，使得档案统计、调阅、鉴定等工作能够顺利进行，而且为编辑创造和提供利用提供了方便的条件。如果档案没有得到安全保管，破坏严重，丢失泄密，胡乱放置，那么前面的收集整理工作就是无用之功，更不用说提供利用，影响了档案管理工作的正常运行。

（五）档案统计工作的意义

1. 是认识档案工作的一种重要手段

通过档案统计，可以清楚地认识到档案工作中诸多现象的发展过程、现状和一般的规律性。而且正是这种长期、系统的积累资料的工作，为档案管理研究和综合统计，以及人们加深对档案工作的认识提供了一种手段。

2. 是科学管理档案的基础

从档案统计工作来看，国家档案事业的方针政策、法规制度的制定都离不开档案统计工作，统计工作提供的大量信息可以对档案事业进行指导、监督，协助理顺档案事业的各个方面的关系。如果没有档案统计工作提供的大量数据和信息，档案管理只能是盲目地管理；没有档案统计工作的指导，档案服务利用只能是被动地服务。

科学管理档案不仅要定性分析，也要定量分析，两者结合才能实现科学管理，提高档案管理水平，以更好地指导档案实践工作。做好档案统计工作，可以为定量分析提供必要的数据。

3. 是提高档案学研究水平的重要保证

档案统计是档案学发展的一个表现。以前档案学研究比较偏重于研究社会科学的方法，随着科学技术的发展，档案学也逐渐运用自然科学、技术科学和管理学的方法来研究，由定性研究逐渐转变为比较关注定量分析研究。因此只有加强档案统计，认真进行分析，才能促进档案学的发展。

4. 是使档案工作处于良性运行的重要保证

从系统论的角度来看，档案工作是由档案实体管理、档案信息开发和档案反馈信息处理三个子系统组成的，档案统计工作就相当于档案反馈信息处理系统。统计得来的具体数据，直接反映了档案工作各方面的实际情况和水平，这是非常重要的。它可以提供正确的决策依据和监督指导档案工作的统计资料，从而保证档案工作处于良性运行状态。

要了解档案用户的需求，档案业务工作的现状、水平、成绩和不足，都离不开档案反馈信息处理系统。而这主要是通过统计工作来实现的。比如，要了解档案用户的需求，就要通过调查研究得到大量的数据资料，然后对这些数据资料进行及时的整理、分析就可以总结出档案用户的需求情况等。

（六）档案检索工作的意义

档案检索也可称为档案信息检索，一方面对大量、无序的档案信息进行描述和组织，建立检索系统，另一方面则提供对档案信息的查询和利用服务，满足用户的需求，是联系档案基础业务工作和档案利用服务的关键环节。随着社会经济、科技和文化的发展，档案的数量急剧增加，如何对数量庞大、内容丰富、种类繁多、载体多样的档案材料进行描述和组织，帮助、引导用户查找所需要的档案信息，是档案信息检索工作面临的一项艰巨任务。档案信息检索的效率直接关系档案信息利用服务的效果，因此，档案信息检索工作在整个档案管理工作中占有重要的地位。

1.是档案业务管理工作的一项重要内容

档案信息检索是档案业务管理工作的一个独立环节，它具有双重性，既具有档案基础业务工作的性质，又具有档案利用服务工作的性质。一方面，它存储、组织档案信息，编制各种检索工具，建立档案数据库和检索系统，为查找档案提供手段，属于档案基础业务工作的范畴；另一方面，它根据利用者的检索需求，通过已经建立的检索工具和检索系统查找所需要的档案信息，介绍档案的内容，又属于档案利用服务工作的范畴。档案信息检索工作的特殊性使得它在档案工作中占有特殊的地位，其作用是其他档案业务工作所不能替代的。

2.是提高档案管理整体水平的有效途径

档案管理工作综合水平的一个重要指标是档案信息检索的效率。档案管理的整体水平与档案二次信息的组织和存储直接相关，因为后者对原始档案信息的覆盖率、档案信息的检全率和检准率、检索的速度和检索系统的易用性等多个方面都产生影响。若档案实体管理和档案信息管理存在瑕疵或者漏洞，可能会影响档案信息检索的效率。由于档案信息检索是档案管理中非常重要的一个环节，因此，其对档案管理各项工作的影响非常大。这也使得常常通过优化档案信息检索工作来提升整个档案管理的综合水平。

3.是档案信息资源开发并利用的必要条件

档案信息资源只有得到充分的开发和利用，档案的利用价值才能得到实现。档案信息资源的开发和利用离不开档案信息的组织和检索，档案信息组织和检索的基本工作内容构成了档案信息资源开发和利用的基础，如档案著录和标引、档案检索系统的建设是将分散、无序状态的一次档案信息进行有序组织和存储的基础工作，没有这些基础工作，档案信息资源开发和利用就无从谈起。因此，建立和完善高效、易用的档案信息检索系统，是开发和利用档案信息资源的必要条件。

4. 是实现档案管理现代化的关键环节

档案信息检索对于现代技术的应用具有高度的敏感性，现代技术和方法在档案管理工作中的应用，首先体现在档案信息检索工作中，如档案著录标引的机读化和标准化、计算机档案信息检索系统的开发、元数据在档案信息描述中的应用等。档案信息检索工作是档案管理现代化的前沿，是现代化技术和方法在档案工作中应用最为广泛和深入的工作领域。因此，实现档案信息检索的现代化是提升档案管理现代化水平的关键。

（七）档案编研工作的意义

1. 是提供利用服务的一种方式

档案工作人员把具有研究价值和实用价值的档案信息编辑、加工后，推荐、分发给有关利用者使用或公开出版，使馆外利用、异地利用成为可能，这有利于更加广泛地发挥档案在各项事业中的作用，对于实现档案信息资源共享也是十分有益的。

2. 是提高工作水平的一个重要途径

档案馆（室）做好档案收集、整理、编目等基础工作是开展编研工作的前提；而在档案编研过程中大量调阅档案，又可对档案馆（室）的基础工作起到全面检验的作用。档案编研工作要求档案工作人员具有较高的知识水平，可以促进档案干部队伍素质的提高。档案编研工作向社会各界和本机关提供了系统的档案信息服务，有助于扩大档案工作影响，赢得社会各方面对档案工作的重视和支持。

3. 是保护档案原件并长远流传档案史料的一种措施

档案编研成果不仅有积累史料、传播文化的作用，而且可以代替档案原件提供利用，从而保护了档案原件使之延长自然寿命。将档案文献汇编出版，分存于各处，即使原件遭到损毁，档案的内容也可长久流传。

（八）档案利用工作的意义

档案利用工作具有广泛的意义，可以发挥档案在知识传承、历史研究、政策制定等方面的作用，实现档案的价值。作为档案工作为社会主义现代化建设服务的基本途径，档案利用工作有利于全面开发档案资源。

档案利用工作是档案工作联系社会的一个重要窗口。首先，档案利用工作可以让公众更好地了解历史、文化和社会发展，为个人和社会的发展提供重要的脉络和基础资料。其次，档案利用工作有利于促进社会和谐，通过提供历史证明材料，为公正处理社会矛盾和纠纷提供支持。此外，档案利用工作还可以促进文化交流和共享，为国际社会提供透明、准确和权威的历史材料。

为了更好地利用档案，同时保护档案安全与完整性，需要根据档案特点和社会需求开展专业性强、精准度高的档案利用工作。具体而言，需要加强档案的分类整理和鉴定，制定完善的档案利用政策和规定，提高档案利用的技术水平和服务质量，加强档案利用的宣传和识别，确保档案利用的合法性、合理性和安全性。

总之，档案利用工作是档案行业与社会紧密联系的桥梁，能够为社会的发展和进步做出重要贡献。未来，随着信息技术和社会需求的不断变化，档案利用工作将会面临新的机遇和挑战，必将继续发挥重要作用，为保护历史文化，服务人民群众做出更大贡献。

二、档案管理工作的基本要求

（一）维护档案的完整与安全

维护档案的完整与安全，是档案管理工作的基本要求。只有保证档案的完整与安全，才能维护历史的真实原貌，为档案工作提供必要的物质基础。

一方面，要求维护档案的完整。首先，凡是具有保存价值的档案都要收集齐全，避免残缺短少；其次，要遵循档案的形成规律，维护档案之间的有机联系，将其组成一个有机的整体。

另一方面，要求维护档案的安全。应尽可能延长档案的寿命，保证档案实体的物理安全。同时，也要避免档案机密的泄露或遭人为破坏，保证档案信息内容的安全。

（二）便于社会各方面的利用

便于社会各方面的利用，是档案管理工作的根本目的和要求，也是检验档案工作效果的重要标准。便于社会各方面利用的原则，应始终贯穿于档案工作的各个方面和各个业务环节，它是制定档案规章制度和组织档案业务工作的出发点，并以此作为主要标准去检查和评价档案工作的质量。

（三）规范化的流程操作

档案管理是指对各种形式的档案进行收集、整理、保存、利用和销毁等操作的一种工作。它对一个单位的正常运转和管理至关重要，而档案管理的基本要求也是非常重要的，它直接影响到档案管理的质量和效率。

档案管理工作需要有规范的操作流程，使每一个环节都能够有条不紊地进行。同时，也要根据不同的档案特点，制定相应的处理流程，确保档案管理从收集到销毁的各个环节都严格遵循标准化的流程。

（四）运用先进的技术手段

当前，随着科技的不断发展，档案管理工作也应该不断引入先进的技术手段。例如，数字化处理、企业云档案、电子文档管理等，这些技术手段可以大大提高管理的效率。

第六节　档案管理信息化发展历程

我国的档案信息化发展是随着国家信息化发展而兴起的，其过程大致分为起步阶段、快速推进阶段和系统发展阶段。

一、起步阶段

20世纪70年代末到20世纪90年代初期为起步阶段，这一阶段档案信息化的起步以计算机技术的发展为基础。20世纪70年代末80年代初，随着计算机的引入，我国档案界开始尝试运用计算机管理档案。1979年起，国家档案局档案科学技术研究所，四川、辽宁、江西等省档案科学技术研究所，以及中央档案馆、中国人民解放军档案馆等个别大型档案馆陆续购置计算机设备，进行档案管理自动化课题的研究和实验，编制出一些简单的档案检索程序，初步积累了计算机辅助档案管理的一些经验，在此基础上培养了部分技术人员。

20世纪80年代初，绝大多数档案部门尚不具备配置计算机的条件。资料显示，至1985年年底，全国只有20多个档案馆配置了于当时而言比较先进的计算机设备，但开发并成功运行计算机档案管理系统的仅限于中央档案馆、中国第一历史档案馆、中国第二历史档案馆、中国人民解放军档案馆、中国照片档案馆等少数实力雄厚的国家级档案馆。这些实验性应用系统尝试使用数据库管理档案目录，多数只是建立一个简单的目录数据库，自行开发应用软件，档案系统的功能局限于用计算机来辅助档案编目与检索。

为适应计算机辅助档案检索的需要，档案界自 20 世纪 80 年代中期开始着力于制定档案著录标引的国家标准，陆续出台了一系列档案编目和机读档案目录制作方面的规范，主要有国家标准《档案著录规则》（1985 年制定，1999 年重新修订，DA/T18—1999）、《中国档案分类法》（国家档案局 1987 年编制）、《中国档案主题词表》（国家档案局 1988 年编制，1995 年修订再版）等。这些规范、标准的制定，为建立全国统一的档案目录检索体系奠定了基础，推动了我国档案机读目录数据库建设的发展。

1985 年召开的全国档案馆工作会议对省级以上档案馆有计划地实施计算机档案检索提出了"积极、稳妥、注重实效"的发展要求。此后，各地的档案目录数据库建设有了一定的起色，但受设备和人员不足的限制，数据量的积累速度较缓慢，每个单位每年的平均建库量不足 5 万条记录，只有少数单位达到年平均10 万条记录，数据库容量有限，录入数据以案卷级为主，查询不方便，多数档案管理应用系统处于数据量不足的状态。

随着机读档案目录数量的增加，一些功能实用、效果明显的应用系统得到了广泛应用。许多档案馆在建设档案目录数据库方面取得了成绩。以中国电影资料馆为例，其将众多影片的目录录入计算机，可以通过片名、影片种类、影片题材和内容、影片获奖情况等方式进行方便的分类检索。随着计算机档案管理应用效果的逐步显现，档案工作者的积极性得到了极大的激发，同时也使得档案界对于计算机档案管理有了更深入的认识，实现了质的飞跃。随着计算机软硬件环境的不断变化，档案界对自动化档案管理的研究也在不断深入。随之而来的是，计算机辅助档案管理的应用范围在不断扩大，不再局限于检索和统计，而是逐渐向各个环节拓展。因此，计算机档案管理系统也从实验性系统逐渐转变为实用化系统。

20 世纪 90 年代初，我国档案管理现代化方面的标准进一步完善，1992 年至1995 年颁布的数据交换国家标准、行业标准多达 11 件。在标准化的基础上，个别专业软件公司开始介入档案管理软件的开发、推广，功能较全、通用性较强的商业性档案管理软件问世，计算机档案管理开始走向普及阶段。

二、快速推进阶段

20世纪90年代中期到21世纪初为档案信息化发展的快速推进阶段。20世纪90年代初，"三金工程"（金桥工程、金卡工程和金关工程）的启动加快了整个社会的信息化进程，计算机应用成了普遍的工作方式。随着办公自动化（OA）、计算机辅助设计（CAD）、计算机辅助制造（CAM）的应用发展，电子文件的类型和数量迅速增加，对档案管理提出了严峻的挑战，如何保证数字档案的原始性、真实性、完整性和可靠性，成为档案界面临的巨大挑战。

随着技术支持的社会化进程不断推进，计算机档案管理系统日趋普及。由于软件通用性不断提高，档案管理软件越加丰富，档案管理软件系统数量甚至有数千种。但由于档案管理软件质量参差不齐，规格和功能不尽相同，这也给信息化档案管理的普及带来了一定困难，同时也增加了数据交换和系统集成的难度。为此，自1996年起，国家档案局开始评估和筛选国内的计算机档案管理软件，于1997年发布了首批推荐的软件清单，这保证了通用档案管理软件的质量，并为档案部门提供了指导，帮助他们用最少的投入获得最佳的应用效果。随着技术的进步和市场竞争的推动，档案管理软件系统不断升级，并且功能越来越完善。它从最初仅仅是基于机读目录的编目联机检索系统，逐渐发展到现在基于外部存储的档案全文信息系统，将档案管理从一般的形式升级到文档一体化管理。同时，档案管理软件也由封闭的单机系统转变为基于局域网的档案网络管理系统，并且其标准化和通用性也不断提高。然而，在这个阶段，管理档案系统仍然主要采用单机系统，而档案数据库也主要采用目录管理方式。

为进一步提高档案管理软件的标准化程度，确保档案数据的安全和有效利用，国家档案局、中央档案馆于2001年6月发布了《档案管理软件功能要求暂行规定》，对档案管理软件的开发研制和安装使用进行了严格规范。随着新的《归档文件整理规则》的实行，机读案卷目录逐步淡出，机读文件目录和专题目录成为档案目录数据库的主要内容。档案网站建设从无到有，快速发展是该阶段档案信息化建设的一个重要特征。

这一阶段，在国家信息化发展战略的推动下，国家和地方政府对档案信息化建设的投入有较大程度的增加，档案部门配置的信息化设备越来越多，档案信息化建设的相关法规也得到了进一步的完善，除上述关于电子文件归档管理的标准、规范外，档案界还先后颁布了5部行业标准，同时档案从业人员的计算机应用能力迅速提高，档案信息化建设进入了快速发展时期。

三、系统发展阶段

进入 21 世纪后，信息网络技术的广泛应用，特别是电子政务的快速发展，为档案信息化建设注入了新的活力，国家档案局开始正式部署并全力推进全国档案信息化工作。加强档案信息化建设成为"十五"期间档案事业的基本目标之一。在《全国档案事业发展"十五"计划》的九条工作任务中，第五条专门列举了档案信息化建设的五项内容：吸收、采纳、转化有关电子文件归档和电子档案管理的各类标准并制定相应的办法与标准，实现电子文件即时归档；加强对电子文件积累、著录、归档等工作的监督、指导，保证有保存价值的电子文件齐全、完整、有效；探索档案馆电子档案接收、保管、利用的方法；组织力量研究解决电子文件归档管理技术方法、电子档案科学保管技术方法、电子档案远程利用技术方法、电子档案原始凭证作用等课题；加快现有档案的数字化进程，建设一批内部局域网，实现馆藏开放档案目录的网上查询和浏览服务等。

2002 年 11 月，国家档案局进一步发布了我国档案工作迄今为止唯一一个专项规划《全国档案信息化建设实施纲要》（档发〔2002〕8 号）。该纲要对"十五"期间档案信息化建设的指导思想、目标任务做了专门部署，具体明确了档案信息化建设的基本内容和建设要求，对全国档案信息化建设产生了积极、重大的影响，成为我国档案信息化过程中里程碑式的文件。

2005 年 12 月，在北京召开的全国档案局馆长会议审议通过了《档案事业发展"十一五"规划》，"国家数字档案建设与服务工程"（简称"金档工程"）作为"十一五"重大建设项目正式启动，其总体目标是以 3127 个国家综合档案馆为建设对象，以分布式档案数据库建设为核心，重点建设涵盖全部馆藏档案的全国性、超大型、分布式、规范化、可共享的档案目录数据库纸质档案全文数据库和多媒体档案数据库；建立适应国家经济建设和社会发展需要的档案信息资源共享体系；建立适应各级党委政府电子政务建设需要的电子文件归档管理和电子档案接收管理系统。

2011 年 1 月，国家档案局、中央档案馆印发了《全国档案事业发展"十二五"规划》，"十二五"规划提出"建立与国家经济和社会发展相适应的档案工作机制与体制，充分发挥档案和档案工作服务各项建设事业、服务人民群众的作用"这一总体发展目标，进一步加强档案基础设施建设，进一步丰富并优化各级档案馆馆藏，强化国家重点档案抢救与保护工作，加快电子文件（档案）备份中心建设，加快档案整理鉴定开放的进度，提高档案工作为国家科学发展服务的能力和水平，并强调了着眼于档案信息化建设的工作。

2016年4月1日，国家档案局印发《全国档案事业发展"十三五"规划纲要》，确定了档案事业发展的指导思想和目标：到2020年，实现以信息化为核心的档案管理现代化，加快档案管理信息化进程，持续推进数字档案馆建设，全国50%的县建成数字档案馆或启动数字档案馆建设项目。

2021年6月8日，中共中央办公厅和国务院办公厅联合印发《"十四五"全国档案事业发展规划》，明确了我国档案事业发展面临的形势和挑战、总体要求、主要任务和保障措施。随后，各省市相继印发本行政区域内的档案事业发展"十四五"规划。结合《"十四五"全国档案事业发展规划》关于档案信息化建设的政策内容来看，新时期档案信息化战略转型的方向主要体现为档案资源数字化、档案内容数据化、档案平台体系化、档案管理智能化和档案服务网络化。档案信息化战略转型是一项复杂而艰巨的系统性工程，需要从完善体制机制、加强统筹协调、强化技术应用、优化人才结构、落实经费保障等方面入手。

第二章　档案管理工作的机遇与挑战

　　档案数量越来越多，需要处理的信息量也越来越大。如何让档案被最大化、最有效地利用，让档案价值被更有效地挖掘，目前已经成为研究领域重点关注的问题。在新的环境下，需要明确档案管理面临的机遇和挑战，结合时代特征以及档案管理的具体需要，探索应对机遇和挑战的有效策略，从而使档案管理适应时代发展，更好地彰显出自身的价值。本章围绕档案管理工作的机遇、档案管理工作的挑战两方面展开。

第一节　档案管理工作的机遇

一、知识管理理念为档案管理提供理论指导

　　知识管理是知识经济下的一种新型管理理念。知识管理的内涵是通过学习和传播实现发展，基于知识本身的价值展开经营和管理，探索知识在工作中的应用和发展。可以预见的是，未来知识管理将得到极为广泛的应用。

（一）过程精细化

　　在网络信息的大环境下，知识管理在档案管理中的应用能够让档案工作更加细化。知识元作为知识管理的基本单位，其管理比传统的档案管理更加具有针对性，也能促进信息资源的开发和利用。在现代社会环境下，档案管理工作在技术层面有了更高的要求，不仅要根据用户需求提供有效的服务保障，还要根据社会发展的客观规律合理创新档案的记录方式。

（二）知识共享化

　　档案管理并不是独立于组织的业务活动，而是通过全新的思想理念体现出知识的价值。换言之，知识共享化的主要优势在于高度自由，人们可以利用碎片化时间获取所需要的档案信息，也符合档案本身开放的初衷。知识共享化实现了知识封闭到知识开放的过程。

二、大数据技术为档案系统建设提供技术支撑

档案管理系统具有功能多样的特点，在管理档案时，通过系统能对档案快速检索查询，也能分析提取相关资料，有利于分层档案信息。而系统也能储存形式不同的档案，如音频或视频，它们都能被完整、及时地进行储存，提高了档案信息在处理和收集上的便利性。一些管理系统也有转换数据的功能，可以对档案进行视频、图表等形式的转换，保障档案信息的质量。

此外，在管理系统、数据库等的支持下，档案可以被分类进行储存，系统也具有阅览、检索、下载或其他的功能。各人员在有权限的状况下，能随时通过系统对档案进行查询，提高了档案信息的利用率。在档案系统的支持下，能够分类整理档案信息，使档案形成规律性的结构体系，从而充分挖掘档案价值。

三、信息技术为档案管理提供技术支撑

（一）强化档案管理意识

随着信息技术的发展，档案工作人员在实际的档案管理过程中开始与时俱进地转变自身传统的观念，更注重掌握多方面的专业知识，对各类档案进行科学的管理。这就要求相关工作人员能够对自身的责任感进行有效强化，树立终身学习的意识。在实际的工作过程中，档案工作人员要注重提高档案管理工作的安全性及准确性，有效运用互联网信息技术，对各类档案信息进行科学的管理。档案工作人员必须遵循"互联网+"时代的管理要求，对档案管理工作进行有效的优化和完善。统一档案管理内容，明确信息化档案管理标准，对信息化档案管理进行全方位的监督，从而提高信息化档案管理整体的质量。

（二）提升档案管理决策整合效率

信息化档案管理，能够帮助管理者进行决策。通过对信息数据的整合与分析，将档案数据信息进行大数据的归类整合，从而给予决策者最优的决策方案，为相关决策提供数据与信息的有力支持，使决策工作具有依据性和可靠性。

（三）提升档案处理工作的效率

随着信息化水平不断提升，档案管理工作不断向信息化过渡。其中，无纸化办公的施行对于档案管理工作的影响最为广泛，也是将其推向信息化的重要推手；大数据技术则使得档案的筛选工作效率得到了大幅提升，并深刻影响到档案管理的工作。无论从哪个角度看，信息化建设都使得档案处理的工作效率得到提升，对于相关工作的开展大有裨益。

（四）提高资源共享的水平

在信息化档案建设背景下，大数据技术以及信息技术的应用使得档案信息资源能够快速在各个媒介中进行传递，进而实现资源共享的高效化，摆脱时间与空间的束缚。同时，信息技术使得档案信息资源共享耗费的时间更短，成本更低，为多个层面的工作提供了有效的信息来源，提升了工作成效。

（五）创新档案管理方式

大数据技术的应用是信息技术发展过程中的一项重大进步。大数据是推动档案管理走向信息化、现代化的重要技术，能够有力推动档案工作实现数字化转型。数量越来越庞大的档案信息资源，使档案管理工作陷入困境，场地有限、人员不足的问题日益凸显，而大数据技术实现了数字化、规模化管理，推动了档案管理方式的全面创新。通过构建数字化档案信息系统，将文字、图片、音频、视频等多种信息分门别类，存储上传至数据库，脱离了原有以"卷""米"为单位的管理模式，实现了以"GB"为单位的数字型管理模式。数据库的建立，使档案有了充足的存储空间，信息备份也更加简便，不仅节省了大量人力和物力，还避免了档案的遗失和损坏，保持了档案的完整性。大数据使档案管理方法更加多样，档案信息资源被置入了更加广阔的空间；档案管理人员不再仅仅将档案装订成册入库，而是将更多精力投入电子档案管理；分类、处理、存储、备份、传输、检索、提取、下载和利用等管理过程都可以充分运用技术手段来完成，提升了档案管理的服务能力和共享水平。

第二节　档案管理工作的挑战

一、档案法治环境建设面临的挑战

档案法治环境建设是理论与实践相互作用的过程，从作为基础支撑的理论研究到实践层面的档案法治制度体系以及档案法律法规的执行，再到档案普法工作的开展，不同层面互相辅助共同组成完整的档案法治环境。在档案法治工作的推进历程中，理论与制度建设逐步推进，但随着社会环境的逐渐变换，档案法治研究与实践也存在一些不足，这给档难管理工作造成了一定的阻碍。

（一）档案法治理论研究不充分

1. 档案法治理论研究不够深入

档案法学是档案学学科体系中的必要组成部分，档案法学研究既是档案法治实践的需要，也是档案学学术发展的需要。档案法学的研究内容包括档案法基础理论、档案法治理论与实践、档案法规的比较等，形成的理论成果共同组成档案法治理论体系，是法治背景下档案学研究的焦点和方向，是学者聚焦档案法制实践和档案工作基本现实开展科学研究形成的科学理论成果。但是在以往的档案工作中，法律手段的运用并不明显，档案工作更多依靠行政手段去调节干预，档案法学理论研究也相对边缘化。现有研究较多关注《中华人民共和国档案法》等法律法规的完善以及档案执法等法治实践相关的主题，研究成果多集中于档案法的补充修改等方面，针对档案法治基础理论的研究并不多，探讨档案法的基本思想、原则与理念等的研究成果较少，缺少深层次的系统理论成果，具体表现在以下三个方面。

一是法学理论渗透不明显。档案法治研究探讨档案有关法律法规以及规范等的意义和功能，探讨档案工作对法律法规的需求，与法学研究密不可分，需要借助法学原理和方法开展理论研究工作。就档案实践工作而言，档案法律法规是开展档案工作的日常依据，档案法规的可操作性以及适用性等直接影响档案工作的效率和水平。但是在实践中，档案科研本身在工作中的所占比重不高，有关档案法学的研究理论性较强，深入探讨档案法学理论的实践工作者并不多，人们更倾向于探讨实践中的问题，寻求实践工作的现实提升，较少关注基础理论研究，更少探讨与法学相交叉的档案法学研究。

二是缺少对档案法治的原理性剖析和解读研究。档案法治研究有其内在的逻辑性和研究的必要性，档案法治的核心和内在本源等本质性研究对于档案法治研究至关重要。学者往往重点研究档案立法的思想和原则，对档案法的目的、价值等基础理论的研究较少；大多只对适用性更广的《中华人民共和国档案法》本身以及档案工作普适性规范和条例等有所探究，对于具有专业特殊性的档案法规研究也较少。

三是理论成果之间联系、逻辑性不紧密。针对档案法立法以及执法的理论成果数量较多，其他主题的研究数量较少，不同主题之间的研究成果联系松散。档案法治研究领域存在"肚子大、两头小"的研究现状，档案法治理论研究逻辑性不强。

2. 档案法治理论研究地位不够突出

档案法治理论研究在档案学研究中的地位不突出。档案法是档案行业的基本法，依法治国背景下法治研究在科学理论研究中占据重要地位，但是就档案行业而言，档案法学在档案学科体系中的地位并不突出。以专著为例，档案法学相关著作数量较少，更新较慢，在行业内的流传度也远不如其他主题的理论著作。

档案法治理论研究在实践层面的受重视程度和关注度并不高。现有研究按内容大致可分为学习宣传、理论研究、应用实践三大部分，在中国知网检索出的相关文献中可以发现，有大量各地区有关宣传档案法的新闻报道和开展档案法修订的通知等，学习宣传类占比很大。此外还有一部分是关于档案法具体条款的修订意见以及针对档案实践工作中存在的问题进行反思和提出的针对性意见等，策略性文章较多，实践性较强，理论性不足。这些文章反映了各行各业档案工作者的诉求，但是形成的系统化理论研究成果较少。就档案科研工作而言，研究者对档案法学研究的关注度就远不如其他基础理论研究，对于更基础层次的档案法治理论研究关注得较少。在档案法学研究内部，理论更多地聚焦于《中华人民共和国档案法》本身，探究档案法条的修改完善，立足于档案法的操作性和适用性展开讨论，档案法治理论研究在档案法学乃至档案学中的受关注度不足。档案法是指导档案工作的基本法，对于档案工作的方向和目标起引领性作用，档案法与其他法律法规乃至各种规范制度是互相联系的。

与其他研究主题相比，档案法治研究相对零散，在档案法修改的重要时间节点，相关主题的研究成果数量会有比较明显的增加。一线档案实践工作者从实际工作出发，探讨档案法治工作的进展和未来趋势，对档案法治理论体系的补充具有很重要的作用，但是也正是因为实践工作者的工作性质，很难生成更系统、全面而深入的理论成果，未能形成较明显的集聚效应。此外，档案法学研究在高校档案学课程中的参与度不高，教材以及现有理论成果的不足都制约了档案法学课程的普及程度，进而影响了档案法治理论的发展。

此外，档案学研究与其他国家的交流和联系也必不可少，就档案学基础理论而言，中国与各国的联系和学术碰撞时有发生。有学者梳理过美国、法国、加拿大、英国等国家的档案法律法规，也曾编译出版《档案学通讯》。此外，档案出版社出版了《外国档案法规选编》，介绍了二十多个国家的档案法规。但总体而言，对比探讨中外档案法规的原理性差异的研究成果较少。不少高校开设了有关档案法学的课程，介绍档案法学基础知识或补充有关信息法学和行政法学的理论，但是课程地位并不突出，在部分院校中档案法学课程并不作为必修课开展，档案法治理论在高等教育中的普及程度不高。档案法作为行政法的一部分，是档案行业从业者的法律指南，也是解决法律纠纷的重要依据。档案法治是开展档案工作的原则性方式和手段，档案法治研究是为档案实践工作提供支撑的理论基础，但是如今档案法治理论研究在档案学研究和实践中的地位不高。

（二）档案法治制度建设不完善

1. 档案法规体系缺乏一定的协调性

我国的档案法规体系以基本法为中心，下设多项法律法规对其进行补充，但是由于立法的主体和法规类型不同，针对同一项档案工作制定的法律规范可能会出现衔接不当之处。

2. 档案法治制度设计不甚合理

（1）档案法规结构分布不均衡

从一般的理论角度来讲，完善的档案法规体系由不同层级的档案法律规范构成，通过法规不同的法律效力实现对档案事业全面的组织与管理。目前，我国的档案法规体系依照《中华人民共和国立法法》的规定，形成了由档案法律、档案行政法规、地方性档案法规和档案规章组成的有机整体。《中华人民共和国档案法》根据宪法制定我国档案工作的基本制度和原则，其他的档案行政法规、部门规章制度等对档案法律进行解释并且对档案管理利用的实际问题做出具体的规定，借助多方的协调来调整档案事业中不同主体之间的关系，这种结构也存在不足之处。就目前的档案法规的结构而言，从国家档案法规体系和档案法规政策库等方面的统计结果来看，国务院制定的档案行政法规数量相对较少，对档案法律内容的解释和说明有待完善，给档案法规的具体实施工作带来了一定的困扰。部门规章和档案规范性文件占比较大，以较多的部门规章和规范性文件对档案工作予以规定会使得档案部门过度地强调和利用其管理权力，也就会从立法层面上一定程度上忽视公民应有的档案权利。从这个角度看，我国档案法规的数量与质量都亟待提高。

（2）档案行政救济制度不科学

"有权利必有救济"是社会法治建设的重要原则之一，一般来说，法律救济通过行政复议、行政裁决等方式确保法律关系主体在自身合法权益受到侵犯时，其合法权利以及法定义务能够得到有效的恢复或者尽可能地得到相应的合理补偿。可以说，档案行政救济制度对于解决档案行政争端的作用是不可替代的，应当由专门的档案行政救济机构实施该制度，同时应当保证权力的合理分配并且通过顺畅的程序解决档案行政纠纷。

通常情况下，档案行政部门被赋予一定的自由裁量权，以此提升行政效率。但是因为自由裁量的范围没有细致的划分与规定，会出现权利超出法律范畴的情况，无法切实保障公民利用档案的权益。从现实情况来看，当前我国的档案行政复议工作进程较为缓慢，档案行政救济制度有待完善。

（3）法治制度与行业环境匹配度不高

首先，现有部分档案法治制度与局馆分设的背景不匹配。2019 年年初，全国各地政府机构改革基本结束，档案工作管理体制发生较大变化，"局馆合一"的机构设置被打破，全国绝大部分省市档案局、馆分设，档案局大多划归本级党委办公厅（室），加挂档案局牌子，档案馆成为党委直属事业单位。局馆分设后档案行政职能与业务职能得以区分，档案行政职能在划归党委后如何发挥需要科学的工作制度和规章规范以定基调，为局馆分设后的档案工作提供方向。但是机构改革结束以来，有关"局"的工作职能和要求还并未在法律或法规及行政规章等之中看到更清晰明确的规定。《中华人民共和国档案法》虽然已经颁布，但是仍旧缺乏适应局馆分设现状的档案工作制度与行政规章等。全国各省市存在不同的档案馆归属情况，统一遵从同一的档案工作制度或许不现实，但是为保证参照性，国家档案局可出台普适性较强的文件或规范，以便各省市地区参考，调整修改发布适合不同地区实情的工作制度和方法，为全国各地局馆分设的档案工作打造较一致的工作环境。

其次，现有档案法治制度与社会治理的背景环境不匹配。档案工作要推进国家治理体系和治理能力现代化，档案法治是实现档案治理的科学方法，但是现有档案法治制度缺乏与实现社会治理相匹配的规定和要求。此外，档案治理的实现需要社会多元主体协同参与，目前随着档案工作逐渐开放，与社会的联系越来越密切，但是社会公众想要参与到档案工作中还并不容易。《中华人民共和国档案法》指出，国家鼓励社会力量参与和支持档案事业的发展，表明国家层面对于多元主体参与档案治理的鼓励和肯定，但是针对不同主体的权利和义务以及参与方式等缺乏可参照的制度和规范。

最后，档案学会的角色和地位不突出。各地档案学会是参与档案治理的重要角色，2014 年《关于加强和改进新形势下档案工作的意见》中明确指出，"充分发挥档案学会等社会组织的作用"。作为档案行业重要组成部分的社会组织，在以往的工作中，档案学会作为非营利性社会组织，往往与档案局的关系过于密切，挂靠在档案局之下，自主性无法发挥。如今档案学会拥有更多自主权，现有的档案工作制度中对于档案学会如何发挥作用以及参与社会治理并没有相应的法规和制度的规定和保护，档案学会参与公共档案管理的法律地位没有得到明确，承接公共档案机构部分职能的法律依据不清晰。

3.档案法规内容不全面

（1）档案机构专门立法尚有盲区

档案机构作为连接社会公众与档案事业的桥梁，在保管档案和提供档案利用的过程中，充分发挥着服务性与文化性功能。从现有的相关法规来看，档案机构的法规不成体系，缺乏对某些专业性问题的内容规范，档案机构专门立法尚有盲区。

档案馆是档案事业发展的主体，以其丰富的馆藏资源服务于社会的经济文化建设。1959年中央档案馆的正式建立带动档案馆立法工作的全面推进，从《中华人民共和国档案法》到国务院文件再到部门规章，规定了档案馆的工作任务和性质定位，但是缺少一项独立的专门法规来统一对各个层次、各类的档案馆予以规范，这会制约档案馆在新的社会环境下发挥其服务性功能。在现行的法律规范中，将档案馆定义为文化事业机构是无可非议的，但是又存在了中央和地方各级国家档案馆、各级国家档案馆等不同的表述形式。依照地区和专业的不同，档案馆还存在多种类型的划分，如综合档案馆、部门档案馆、专门档案馆等。目前在地方档案法规中又将该地区的国家档案馆划分为公共档案馆，没有明确的法规对档案馆的种类划分进行界定。在社会快速发展的情况下，越来越多的新兴专业崛起，档案馆所要承载的档案资源随之增多，因此迫切需要制定一项全面的国家性法规对档案馆的工作进行协调和规范。

（2）档案安全立法有待完善

档案以其独特的价值在人们的生产生活中发挥着重要的作用，但是无论是自然灾害的发生还是社会信息科技的进步都对档案的安全产生了影响，因此，建立完善的档案安全保障体系是十分重要的。而档案安全立法正是建立这一体系的基础性工作，但是目前我国的档案安全法规的建设有待加强。

（三）档案普法工作效果不佳

档案法治现代化不仅需要法治制度的制定和实施，还需要社会各界对于法律制度和规范的科学认识，需要法治思维深入人心，在社会公众认识法治、认同法治基础上的档案工作才能实现更高水平的现代化，这就需要普法工作以科学有效的方式将法律知识普及给更广泛的社会公众，使得法治思想充分渗透。然而普法宣传工作在档案部门的工作安排中占比仍然有待提高，档案普法工作效果不佳。

1. 档案普法方式单一

档案普法方式单一化，与数据时代匹配度不够。社会治理背景与互联网环境使得档案普法工作拥有了更多可能性，档案工作、档案法律法规与社会公众联系的方式更加多样化，但是普法方式的创新跟不上社会环境的发展变迁。如今各省市档案局大多建立了自己的微信公众平台，开通了包含微信在内的诸多社交平台的官方账号，作为重要宣传口径，发布一些与档案馆藏资源相关的信息，也会及时更新局馆工作动态，但是普法内容在整体发布的信息中占比较小。就普法团队而言，档案普法工作者以及普法方案的制定者似乎都是档案专业人员，他们对档案法规足够了解，但是也容易导致先入为主，与用户的认知背景相差大，未能站在用户角度考虑需求，会导致普法工作做了不少，但是实际的效果并不理想。

针对档案从业者的档案普法工作往往通过举办培训班、开展集中培训等方式展开，针对性较强，但有时也存在工作人员理论知识掌握了不少，但实践经验依旧不足的问题。

2. 档案普法内容不丰富

档案普法不仅普及档案行业的法律法规，也包括档案工作中可能会用到和涉及的法律法规和制度方法，目的是构建起常态化的法律遵守环境，使人们在遇到问题时下意识遵守法律，参照法律法规解决问题。现有档案普法的内容较为局限，以普及档案法律法规为主，引申不够，不能实现较好的普法效果。

3. 档案普法针对性不强

新时代档案工作需要与社会充分交流，普法是为了帮助公众认识和遵守法律，利用法律手段维护自身的合法权益。普法工作需要充分考虑不同层面与认知的受众群体，针对不同群体开展不同的普法策略。现有公众号等作为档案普法的重要平台，未能充分发挥其应有的功能，档案普法在公众平台中缺乏单独的板块和栏目安排，在何时发布何种内容缺少规划，未能形成用户或公众对档案普法的统一认知；现有普法工作并没有根据实际情况和用户群体的不同做出具体区分，普法的用户针对性不强。

档案普法既要面向档案从业者宣传普及对法的遵循，更要面向广泛的社会各行各业的工作人员开展档案法律法规的普及工作。他们既是档案的生成者，也是档案资源的利用者。有调研表明，民生档案的利用占据档案馆利用档案次数的绝大多数，民生档案涉及广泛的社会公众以及各行各业的劳动人民，向更广泛的受众普及和宣传档案法律法规才是档案普法的核心内涵。仅就新颁布的档案法而言，全国各地都在开展宣传贯彻新修订档案法的活动，但是对各地新闻进行分析后发现，新法的学习大多仅限于档案领域，多为档案馆或档案主管部门开展系统内部的学习会，虽然新法颁布之初对于法的学习和解读可能还不够成熟，但是仅有档案专业人员参与学习会使得其他业务工作者少了一点参与感，档案普法工作的开展需要更多非档案人士的参与。

二、档案采集管理面临的挑战

（一）采集设备落后单一

在实际工作中，部分档案机构的采集设备单一落后。在对纸质档案进行数字化的过程中，拆卷扫描再装订，对档案损害较大。一些大型档案或者纸张容易造成破损的档案，受档案实际状况和扫描设备条件的限制，暂时无法进行数字化的转换，只能在设备更新或者技术发展以后，才能有效解决这个问题。分辨率高低的选择与设备的技术参数关系密切。因为技术设备比较落后，档案机构所用的扫描分辨率仍然不够高，因此扫描后的图像清晰度一般。

采集设备应完善相应的设备采购技术标准，设备的正常维护检测周期和规范仍须进一步明确，并且需要定期、定量的标准检测和保障设备的正常运行。

（二）外包收集缺乏监管

第一，外包机构缺乏外部行政监管及行业内部监管。在国家档案局官方网站上能检索到的法律、行政规章、部门规章和规范性文件中，涉及外包管理工作的仅有《档案数字化外包安全管理规范》（2014）一个规范性文件。《关于进一步加强档案安全工作的意见》（2016）也是要求按照安全管理规范，对数字化的机构、场所、设备等进行安全管理，避免出现问题。《档案服务外包工作规范》是目前唯一的外包行业标准，国家档案局已于2020年制定实施。另外，档案外包机构目前没有建立一个明确的产业联盟，缺乏行业内的监管。

第二，外包机构工作人员缺乏外部的有效监管。对档案实施数字化技术收集时，档案实体必须进行出库、拆档、适当整合、扫描检查、审核、再次装订、入库等各种烦琐的工作处理程序。在上述程序中，档案实体会接触到不同的工作人员。也因为一些外包机构的从业人员门槛较低，因此人员的业务素质也出现了良莠不齐的现象，这就在出库、拆册、装订的过程中，可能会导致实物的损坏、遗失，在采集过程中可能会导致出现数字化档案外泄的安全风险。部分档案机构在开展档案信息采集工作的过程中，没有实施严格的工作人员审核。从事档案数字化加工的技术人员流动性很大，进而导致人员监管难度比较大。

三、档案数字化存储管理面临的挑战

（一）数字档案存储标准规范缺失

存储技术日新月异，新的格式标准和储存介质的新技术标准也迅速发展，存储器规范的统一和新标准的建立就显得困难重重。科技的创新和发展，使得现在的技术标准越来越没有时效性。此外，由于数字档案的储存载体的基本构造组成都比较复杂，如硬盘通常分为磁片、磁头、控制单元、电源等，不同组成部分的规格、技术参数也都不一样，所以很难建立统一的规范。因此理想的储存格式设计，必须具备格式设计开放性、不捆绑硬软件、表现有统一性、格式设计可变换、易于应用等特性，能够实现不同档案机构之间的数字档案交流共享，可以转换成便于长期保存的格式。

我国《电子文件归档与电子档案管理规范》（GB/T 18894—2016）具体规定了版式文件、电子文件和公文、数据库、照片、录音、录像等文件的归档格式，针对每种类型的文件，分别提供了两个以上的存储格式，方便了存储选择。例如，版式文件格式可采用 PDF 和 PDF/A 的格式，这也是档案机构在数字档案存储中最常见的格式。但是多种选择的存储格式也导致出现了一些问题：根据我国《电子文件归档与电子档案管理规范》（GB/T 18894—2016）的要求，同一类型的档案可以以不同的格式归档，但这会产生同种类型档案在不同数据库的匹配适用度的问题，如版式文件中 PDF 和 PDF/A 的格式转化问题。在进行数字档案转移、数据库的合并和升级等工作时，格式的不匹配会增加格式转化的工作量，同时也可能带来后台数据的混乱。

（二）数字档案存储介质单一

当前，档案机构保存数字档案的介质有光盘、磁带和磁盘。一般来讲，光盘、磁带和磁盘的正常使用年限依次为 30～100 年、10～30 年、34～100 年。不过需要注意的是，在寿命内发生问题的概率也较大，也就是说，实际使用年限可能会小于平均寿命。其中的原因主要表现在以下几方面。

第一，实际保存的环境会影响使用年限。存储介质受保存环境的干扰相当大，如湿度、磁场、灰尘、日照等均会影响存储介质的性能和使用寿命。

第二，本身的质量问题可能会出现小概率的不合格。材料、品质和技术标准等从根本上决定存储介质的寿命，如果本身质量不过关，存储介质的寿命就会很短。

第三，在长期使用过程中可能会发生各种意外，如硬盘的摔碰、光盘的划痕、不明磁场的干扰等，而使用频率、使用方式等也对寿命有着非常关键的影响。

按照目前的情况来看，我国数字档案的存储介质有很大的选择余地，但是在实际的应用过程中，光盘和磁带仍然是最重要的、使用频率最高的。数据库管理系统中常常把磁盘阵列当作核心的存储器，并通过磁带实现对数字档案的数据信息自动备份。磁盘阵列和磁带都是磁性介质存储器的主要内容，这一类磁性介质对装置的依赖性程度高，因此需要依赖于特殊的装置才能读写。一旦设备出现故障、网络出现瘫痪或者遭到病毒侵入干扰等，数字档案就无法被正常读取。

（三）数字档案数据库结构、功能简单

数字档案数据库中可采用的格式很多。随着技术的不断进步和发展，新型的数据库格式层出不穷，许多旧的数据库逐步被淘汰，这也产生了许多实际问题，如能够读取、识别旧格式文件的设备不再批量生产或停产停售、能够支持旧识别软件的工作环境不再存在等。而如何让新旧数据库间进行切换和整合，以及如何保护旧格式或设备中的重要信息等成为一大难题。

大多数档案机构购买的数字化档案管理系统都能满足日常的业务需求，只是针对性不强，在应用过程中有统计功能不全、检索功能不齐全等问题。

四、档案信息安全管理面临的挑战

在数字化转型的背景下，我国档案管理工作的主要内容已经从传统的"重管轻用"向"信息化建设""上层建筑建设""服务利用建设"多面发展。档案主体形式的变化，档案工作内容的变革，档案工作工具的进步，档案范围的扩大，都极大地促进了档案事业的发展，但与此同时，数字化转型也给档案信息带来了不可忽视的安全问题。

（一）存在档案信息生成过程安全问题

档案信息在生成阶段主要关注的是其内容安全和其生成系统的物理环境的安全性问题。生成阶段的安全性是档案信息得以传输、保存、利用的前提条件，在档案信息的整个生命周期中处于重要的地位。

1. 档案信息"四性"受损

（1）真实性受损

档案作为社会生活的原始记录，档案信息区别于其他信息最主要的方面就是其真实性，因此，档案信息在其整个生命周期过程中，与实体档案一样，都必须保持真实性。真实性可以反映出文件的真实情况，并在保存的时候保持原来的状态，也就是说，在保存的过程中，文件的内容和表现形式必须与原来的情况保持一致，而不能改变文件的内容和表现形式。档案信息的真实性是关键，也是最基础的技术问题。由于受自然环境、载体、计算机软件等因素的影响，必须对其进行保护，以保证其内容和形式的完整性。

（2）完整性受损

档案信息的完整性需要确保电子文件及其他文档的完整性，在内容、元数据等方面不存在缺陷。档案信息的完整性与真实性之间存在着密切的关系，如果档案信息的完整性遭到破坏，将会对其真实性造成很大的影响。

（3）可用性受损

档案信息的可用性是指经过认证的使用者和电脑系统能够在较长时间内无障碍地存取和接收档案资料。在档案资料的生成、毁灭和长时间的存储过程中，档案资料的传输、共享和转移是其生命周期的重要组成部分。在此过程中，由于有意或意外地未经授权泄露、更改或破坏文件资料，会导致文件资料无法使用。一个完整可用的信息平台包括物理平台、系统平台、通信平台、网络平台、应用平台和安全管理平台。在任何一个平台，管理制度的不完善、信息技术不相符、人员能力不同步都有可能造成档案信息的缺失、泄露，从而造成档案信息的不可用。

（4）安全性受损

档案信息的安全性是指档案信息在数字化转型背景下，从生成到销毁或者长期保存的整个生命周期中，依托计算机设备，使用互联网进行多次传输，都保持其可读有效性。在这一过程中，档案存储介质寿命、计算机语言更新、设备更新换代或发生故障、软件升级或兼容性等因素都会对档案信息内容产生影响。档案信息内容的可读性对设备、技术的要求更高，因此科学技术和设备的先进程度以及档案工作者的能力对档案信息的可读性具有至关重要的影响。

2. 档案信息系统受损

（1）物理设备受损

计算机设备的损坏或丢失风险。档案工作所需要的大型机、小型机、服务器、工作站、台式计算机、便携计算机等设备是档案工作的重要工具，档案在数字化转型之后，不再依托于纸张进行信息的保存与传递利用，而是依托于计算机设备。若计算机设备出现损坏、被窃取等情况，会直接影响档案信息的完整性、可用性，同时可能影响档案信息的真实性和有效性，从而对档案工作的进行产生巨大的影响。

网络设备的损坏或丢失风险。路由器、网关、交换机等网络设备的受损故障会导致计算机网络中断，由于现在的档案工作主要依托计算机设备利用网络才能进行，无论是档案的传输还是存储，还是档案的监控都必须在网络保持顺畅的情况下才能进行，因此，当网络设备出现断网、失窃等情况时，会对档案工作造成打击。

存储设备丢失或损坏的风险。磁带机、磁盘阵列、磁带、光盘、软盘、移动硬盘等是现在档案信息的重要物理载体。存储设备的遗失和损坏，会对档案工作产生直接影响，会降低档案的真实性，破坏档案的完整性。

传输线路丢失或损坏的风险。光纤、双绞线等设备是档案工作能够顺利传输的重要媒介，传输线路受损，会导致网络中断，对于未能及时备份和保存的电子文件和档案，有可能造成档案信息的缺损和遗失。

安全保障设备丢失或损坏的风险。不间断电源、变电设备、空调、保险柜、文件柜、门禁、消防设施等是保障档案工作顺利进行的重要保障设备。保障设备损坏，有可能导致档案遗失和面对突发事件时无法及时有效地提供保障措施，影响档案的保密性和安全性。防火墙、入侵检测系统、身份鉴别等安全设备受损，会导致系统无力抵挡黑客入侵，无法对身份进行识别，从而使系统存在瘫痪的风险和档案被窃的风险。

（2）物理环境受损

一方面体现在自然灾害风险方面。自然灾害对档案物理设备的影响是巨大的，包括地震、海啸、洪水等。举例来讲，印度尼西亚班达亚齐省档案馆在 2004 年发生的印度洋海啸中，损失照片档案 80%。另一方面，物理环境受损还包括由设备老化、工作人员失守而导致的火灾、漏电、水灾等。举例来讲，巴西国家博物馆在 2018 年 9 月 2 日的大火中失去了 2000 万件考古学和人类学文物瑰宝；2019年 4 月 15 日晚上，法国巴黎圣母院的一场大火使巴黎圣母院的尖顶坍塌，大楼遭受了巨大的破坏。

此外，还有温度、湿度失衡的风险。纸质档案在保管的过程中，对存放空间的温度和湿度的要求十分严格，这是由于温度和湿度对纸张的含水量影响巨大，温度过高会导致纸张缺水，使得纸张失去韧性；而湿度过高会导致纸张受潮，加速档案的损坏。在数字化转型背景下，计算机以及其他物理设备依然受到来自空气温度、湿度的影响。作为电子档案载体的计算机等硬件设施，对存放环境的温度和湿度的要求同样十分严格。在数字化转型的背景下，档案保管工作已经逐步从"双轨制"向"单轨制"转变，档案工作的对象已经由实体档案向电子档案转变，档案工作所使用的工具也已经由传统档案的工具向电子工具进行转变。

尽管档案工作在数字化转型之下，其方方面面都发生了变化，但物理环境的温度、湿度以及自然灾害的影响，无论是在纸质档案时代，还是在数字化转型背景下，对档案以及档案设备的存放和使用的影响都是十分严重的。

（二）存在档案信息传输过程安全问题

传统媒介下档案安全主要包括自身安全以及档案信息泄露和非法浏览等安全问题。档案数字化，使得纸质、视音频档案经数字化加工存储于磁带、磁盘、光盘等载体中。无论是从实体档案转化成数字信号，还是数字信号的存储和浏览均涉及相关数据传输，在此过程中极易造成数据信息的泄露、删除或修改，增加了数据传输的风险。

在数字化转型的大背景下，档案信息的传输大多是以数据的方式进行的。从数据的存储形式和逻辑结构上看，可以把数据分成结构化、半结构化、无结构化三大类。结构化数据是一种可以利用二维表结构来表达文件内容的数据，而非结构化数据不能用二维表结构来表示，只能以不同的文档或文件夹的形式出现，半结构化数据是一种介于结构化数据与非结构化数据之间的数据。

1.非结构化数据传输困难

（1）数据量大

据统计，非结构化数据的总量要远超结构化数据和半结构化数据量。国家档案局发布的《电子档案移交与接收办法》第十一条规定："在线移交电子档案的单位应当通过与管理要求相适应的网络传输电子档案，传输的数据应当包含符合要求的电子档案及其元数据，数据结构一般为一张或多张光盘载体内电子档案的存储结构组合，单张光盘的数据量小于光盘的实际容量。"从档案层面来看，数字化转型对档案事业发展产生了颠覆性的变革，"双轨制"向"单轨制"的转变，表明电子档案的地位有了进一步的提升。从档案载体形式来看，尽管电子档案载体相较于实体档案载体具有相当大的优势，如容量大、空间占比小等，但相较于纸质档案而言，电子档案庞大的数据量成了档案工作中极大的困扰。尤其是面临庞大的非结构化数据，无论是其移交和接收都存在很大的安全问题。

（2）对系统依赖性高

由于非结构化数据无法使用二维表结构进行表达，而是以各种类型的文件或者文件夹的形式存在，因此非结构化文件需要有能够接纳不同结构类型的文件的系统才能进行文件的传输。并且由于文件类型的不同，非结构化文件彼此之间的兼容性差，如以 doc 格式保存的档案文件需要用 Word 或 WPS 才能查看，而 PDF 格式的文档就要使用专门的 PDF 阅读器才能查看，如果应用软件出现升级情况，对于相应文档也会因版本不同而出现无法阅读的问题。在这一过程中，对系统的要求是极高的，但就目前我国档案信息系统的发展来看，尚未出现能够完全兼容全部类型档案的系统，对不同档案信息类型的传输和接收，依然主要依靠人工对其进行分类。

2. 存在数据流量流向定向风险

（1）隐私泄露的风险

数字化转型背景下，计算机技术飞速发展，人们的衣、食、住、行各个方面都可以通过智能设备借助互联网来进行。在这个过程中产生了大量的数据信息，而在大量数据信息的背后，是作为大数据时代利用大数据进行算法演绎的结果。数据分析公司可以通过动态展示传输数据、利用数据、监控用户访问和利用行为，用概率算法推论出用户个人信息。由于档案信息是不加修饰的原始信息，因此大数据分析存在很高的契合性，这种高契合性的特点使个人信息或公司信息完全暴露在互联网之中，用户将面临丧失隐私权的风险，同时在对用户数据进行抽取、分析等一系列过程中，很容易造成用户隐私数据的泄露。

（2）数据固化的风险

用户画像是根据目标用户的数据，利用物联网、大数据等数字化技术进行标签聚类从而建立用户画像模型，最终实现模型可视化，用来分析用户个人数据，挖掘价值，被广泛应用于社会各领域，尤其是商业领域。对档案用户个人而言，用户的年龄、性别、喜好等信息可以通过数字化技术形成用户的"个人档案"，被指定的"个人档案"的确为其社会生活提供了极大的便利。经过大数据的分析，用户在社交媒体中只会看到符合自己喜好的推送，与自己价值观所不相符的内容将会被自动过滤。但这也存在极大的弊端，在这种操作之下，用户将生活在自己的"局域网"之中，不能接收到全面的信息，这种数据固化的现象，将导致用户在社会生活中丧失自主选择的权利。

（3）知情权利丧失的风险

数字化转型背景下，大数据技术影响着社会生活各方面。我国网民数量已经跃居世界第一，通过流量流向对用户进行分析，根据用户需求与喜好推荐视频、商品等已经是惯用的商业经营手段。而在实际社会生活实践中，大数据分析对个人信息的使用往往未经用户的同意，对用户而言难以形成有效且实质性的知情机制，用户面临的是被动输出的风险。用户画像通过数据流量流向的输出，能够准确地计算出用户的兴趣爱好，从而为用户推荐适合且符合用户喜好的商品、视频、新闻等。但在这个过程中，用户处于被大数据掌控的互联网世界，被动接受互联网的推送，丧失主动选择的权利，对用户的行为和选择产生巨大影响，削弱了个人自治。

（三）存在档案信息长期保存安全问题

电子文件在数字化的过程中处于物理结构（载体）与逻辑结构（信息）相分离的状态，因此档案信息在长期保存阶段的安全问题可以从其载体安全和信息内容安全两个角度出发进行探讨。

1. 存在物理保存安全问题

物理保存，也叫比特保存，是指在存储介质老化、火灾、水灾等自然灾害发生后，对其所存资料的内容进行复原的能力。与档案信息生成系统不同的是，物理保存系统重在解决硬件过时的问题。

（1）档案信息载体的问题

档案的数字化转型是借助数字技术，依靠数字平台进行的一场有关载体转变的深度变革。档案资料的内容已不再依赖于纸质资料，而以电脑、网络技术、文字、影像等形式储存于硬盘、光盘等载体中。与传统档案载体相比，硬盘、光盘等载体体积较小，便于存储。但同时，数字化转型背景下的档案信息也存在一定的载体问题，具体包括以下两方面。

①存储载体缺乏一定的安全性。存储载体保管不当导致信息安全受到了一定的影响。现代化背景下，信息存储的信息量较为庞大，存储密度较高，虽然较为便捷，但是很容易造成信息复制以及转移问题的产生。存有信息数据的光盘，在邮寄以及转交过程之中丢失，就会导致大量的数据信息流失，造成一定的信息风险。

②储存介质故障。现代化背景下，存储介质故障也会造成信息丢失的风险。计算机技术发展速度在不断加快，数字化信息技术对计算机的依赖也在不断加强，声音、文本、数字图像、视频传播以及储存，主要是借助胶片光盘或者磁介质等载体进行的，这些载体很容易受到外界因素的影响。光盘容易出现丢失以及划痕损坏的现象，磁介质材料容易出现消磁、磁迹混乱的问题，这些制约条件都会导致信息无法正确读出以及输出，造成档案信息丢失。

（2）档案信息系统过时的问题

在档案信息的长期保管中，除了数字载体的使用年限问题之外，档案信息的查询也是亟待解决的问题。在数字化转型的背景下，档案信息的生成、毁灭、保存都要依靠计算机系统来完成，而在大数据时代，计算机软件系统也在不断地更新。随着科技的发展，电子文档的检索系统已经跟不上计算机软件技术的发展，不能满足人们的日常生活。在市场经济的发展和推动下，计算机和互联网技术的发展速度远远超过了人们的想象，而在这个快速变化的时代，档案资料的长期存储成了一个巨大的挑战。

2. 存在逻辑保存安全问题

逻辑保存，也叫信息保存，是指在不改变原始电子文件的存储方法和位置的情况下，只对移交的文件进行管理的一种方法。

（1）信息来源广，范围难确定

随着大数据技术在社会生活以及各行各业的应用，产生了大量的电子文件、数据。在数字化转型之前，档案肩负的是"为国守档，为档守史"的主要任务，而随着社会日趋进步，科技迅速发展，除政府的电子公文外，各种类型的电子发票、照片、视频等新类型文件正在不断产生，使档案也成了一个难以界定的概念。但不可否认的是档案作为社会生活的原始记录，依然承担着其原始的责任。而对于这些电子文件的归档与保存，首先要明确归档范围，确定各类别的组成，以保证其完整性。但是，由于电子文件是依托计算机信息技术而直接产生的，没有纸质的对应材料，所以，在使用过程中，要确定"固定的文本和固定的文本格式"是很困难的。同时，由于档案信息的归档范围不明确，使得在整个传输过程中，上下级之间的信息不统一，导致了文件信息丢失、损坏。

（2）信息数量大，智能鉴定有偏差

传统的档案鉴定采用人工选择分类的方式，这种鉴定方式的优势是档案鉴定的准确率高，缺点是需要档案工作人员一级一级地进行鉴定分类，工作效率低。

数字化转型背景下，档案鉴定工作加入了人工智能技术，大大提升了档案的鉴定效率，解决了传统档案工作耗时长、效率低的问题。人工智能在档案识别中的应用，实质上就是建立了一套能够模仿人类大脑的、具有机器学习功能的文件识别专家系统。由于人工智能系统与人脑之间是存在差异的，系统只能识别提前设定好的语义信息。但在大数据时代，档案信息类型增多，档案范围扩大，档案信息来源变得广泛，导致信息数量激增。人工智能系统并不能完全替代人脑进行信息处理，从而实现"宏观鉴定"，这就导致人工智能系统在档案鉴定上容易出现失误与偏差，从而导致档案类型归档失误、档案信息提取失误、档案内容损坏等安全问题。

（四）存在档案信息开放利用安全问题

笔者通过对中华人民共和国国家档案局网站发布的全国档案事业基本情况统计年报和档案统计资料中与档案开放利用有关的数据进行提取和分析，对我国档案的开放情况和档案的利用情况有一定的了解，进而通过数据分析从一定层面反映出数字化转型背景下档案信息在开放利用中的安全问题。

1. 档案信息语义关联负影响

（1）数据关联分析导致隐私泄露

近年来，数据挖掘技术在档案领域的应用非常广泛，它能够通过分析和比较档案数据之间的关系，归纳出相同的特征，从中提炼出有意义的抽象的描述。这种技术能够帮助档案工作者从海量的档案信息中提取有用的、满足自己需求的信息。从数据挖掘的过程来看，档案工作者必须事先确定信息主题，并按照其目标和要求对相关主题进行界定，同时收集、抽取大量的文件资料，然后利用聚类分析方法对模型进行分类，并将其归类到不同的类别中。最后，将需求分类模型与使用者使用资讯相结合，对其进行差异性分析、偏差识别，剔除大量无关资料，从而得到有效的挖掘结果。在此过程中，数据挖掘必然会对使用者的隐私权造成损害。用户使用数字文件时会涉及用户的姓名、工作、学历、兴趣等诸多方面的信息，如果用户的个人信息被泄露，将会对用户造成很大的负面影响。

（2）智能鉴定不精确

相关数据显示说明，档案开放的速度远远跟不上档案产生的速度。人工智能鉴定技术在档案开放环节的使用，并没有从本质上解决档案开放率低的问题，这是由于人工智能按照既定的程序处理结构化的数据，而并不能像人脑一样对非结构化的数据进行处理，因此，尽管人工智能技术能够提高工作效率，但却会威胁到档案信息的安全性和准确性。

2. 信息安全共同体意识薄弱

（1）档案工作者泄密

据相关统计，约80%的资料的丢失都是由人引起的，而其中七成以上都是由计算机内部的网络攻击所致，也可能是由技术人员缺乏经验、长期疲劳、困倦、注意力不集中等人为因素所致。档案工作者泄密分为两种，一种是由操作不当造成的泄密，即档案工作者将未清空的硬盘等存储设备随便遗弃，不按规章制度修理计算机，在外部设备上访问内部网络，交叉使用计算机等都会造成网络泄密；另一种是档案人员蓄意泄密，部分人员为了个体利益或者其他目的可能会主动售卖或流出用户信息，这种行为会造成用户信息泄露，隐私权受到侵害，对用户的社会生活造成极大的影响。

（2）档案利用者的档案信息安全意识不足

尽管社会生活中的个体每天都会产生无数的信息，这些信息经过筛选最终成为个人档案被特殊保存，但对于普通用户而言对档案信息的使用是有限的，用户只会在某些特定的需求下才会对档案进行利用。因此对于社会生活中的普通用户而言，并没有系统性的档案信息的安全观念。在这种情况之下，尽管用户在档案使用的过程中会采取一定的保密措施，但仍然是一种无序的保护行为，这种行为有可能会有适得其反的效果，从而加大档案信息的安全风险。

3. 档案用户信息应用机制有待完善

（1）档案用户信息公平失范

大数据时代，社会的信息分化进一步体现在对信息的获取和占有上，形成的数据鸿沟偏离了档案用户对自身数据配置过程中的公平性伦理需求。大型互联网公司借助数据技术获取了较大的市场占有率，同时也掌握着一定数量的档案信息用户资源和档案用户信息服务渠道，逐步形成了数据中心。数据环境下，在档案用户与档案部门之间出现了信息的不对称现象，信息不对称导致档案用户承担更多的信息安全风险。用户为了获得免费或个性化的档案信息服务，往往需要注册个人信息，授权某些权利。档案用户的行为是对档案部门的信任，然后进行的相关操作，然而这种信任是一种建立在一定认知基础之上的单向信任。档案用户信息安全面临信息不对称。数据市场一定程度上具有公平失范问题，信息安全问题的透明程度不高。由于档案用户数据收集和处理的过程缺乏明确的告知，档案用户往往对其信息数据的采集和使用情况并不知情，档案用户在没有充分了解的情况下较难做出理性的信息安全决策，容易产生行为偏差，档案用户信息安全交易机制无法有效发挥作用，从而进一步导致档案用户信息过度披露的公平失范问题产生。

（2）档案用户信息权属模糊

大数据时代，档案用户对于享有与维护数据权利有着内生性伦理需求，以满足对自身安全、尊重、发展等数字化生活的基本需求。当前立法对于具有公共属性的档案用户个人信息的权利配置并未做出明确规定，档案用户信息权属模糊，档案用户信息的权利归属出现真空地带。信息权利是继人权、物权之后的新兴权利，可分为所有权、管理权、控制权等多种形式，也包括信息数据的产生、访问、编辑、使用、委托管理等多种权利。档案用户信息分散保存在多个信息系统中，其管理者、拥有者不一定是档案用户，档案用户信息权属也从集中于档案用户分散到多个机构，且随着档案用户信息的交换又增加了问题的复杂性。国家尚无法律规范信息权属，可能导致一些档案用户信息范围的不确定、权责的不明晰，从而直接影响到在收集处理和使用档案用户信息时，尚无法确定档案机构是否有权力收集使用来自档案用户的信息。

档案馆在采集档案用户信息的过程中，并没有明确的规章制度来限制档案用户信息可采集的范围，往往会侵犯到档案用户的信息安全。档案用户信息一旦遭到不合理利用，档案用户的信息权就会遭到严重侵害。档案用户个人信息人格化的特征决定档案用户对其自身的信息享有初始支配地位。但随着传统理论的转变，档案用户个人信息已不再仅为私人所有，而被赋予了公共属性。公私领域界限的模糊化容易引发档案用户信息权益困境。档案用户一旦进入涉及管理的公共领域，都将接受一定程度的介于档案用户私人利益与国家权利之间的强制约束力。档案用户私人领域意味着对档案用户信息安全的保护，需要谨遵数据伦理的规范和约束。档案用户私人空间缺少必要的保护，将导致档案用户过渡到公共空间，当公共和私人空间没有严格区分，进而产生重叠时，会造成公私空间的界限越来越模糊，从而导致档案用户信息权益处于困境之中。

五、数字档案资源建设面临的挑战

数字时代背景下档案建设具备良好的内外发展环境，同时也面临来自参与主体、参与内容等方面的困难和挑战。

（一）参与主体层面面临的挑战

参与主体的复杂性必然会为数字档案资源建设过程带来各种风险和挑战，因此，应加强对参与主体的全方位监管和评估。

1. 传统档案建设理念固化

在传统的档案管理服务观念中，以提供精准、高效的资源服务为档案工作宗旨。传统的数字档案资源建设流程更加强调以档案机构为建设主体，在收集整理以及后续保管利用上更多的是针对直接生成的电子文件以及传统档案数字化成果的资源建设。融入参与式理念以后，参与主体更趋向于多元化，更应该跳出档案机构单一参与主体的限制，鼓励社会机构、社会组织以及社会大众参与，使得收集的数字档案资源多元化发展。而受传统的档案管理服务观念的制约，参与型档案信息管理服务工作的实施存在困难。

2. 主体缺乏参与意识

个体意识指导个体行为，公众参与意识不强，缺乏一定的自主性和相对独立性，在一定程度上影响了数字档案资源的建设。此外，将社会力量纳入数字档案资源的建设，势必要解决参与主体的关系处理问题，如档案主导机构与参与者的关系，公众、政府人员、专家学者等不同参与主体间产生意见分歧时如何调和，以及社会公众提出意见和建议能否得到政府机关的认真考虑和处理等。这些问题不能妥善解决，就不能保证参与的质量和效益。

（二）参与内容层面面临的挑战

参与式理念的融入为数字档案资源建设带来丰富资源的同时，也在数字档案资源建设中暴露出了种种不足，下面将从不同维度分析参与内容层面显现出的不足之处。

1. 参与范围狭窄

最近几年，我国已经开展了一系列针对普通民众开放的档案活动，如上海市推出的"老广播人口述历史"和盛宣怀档案抄录项目，天津市档案馆开展的"天津卫老照片"活动，广州市启动的"广州记忆"资源建设工程以及沈阳市向社会公众征集家庭资料设立家庭档案网站等。这些档案活动的开展表明，我国部分档案机构已经开始接纳社会力量参与到数字档案资源建设中。

然而，我国的档案公众参与体系尚未完善。现有的参与式数字档案资源建设项目只是区域性的，从全国分布来看，档案参与项目数量较少，参与项目开展的种类和形式都受到限制；从参与专题来看，数字档案资源建设中参与活动较为单一，仅局限在数据输入、网站维护、档案编目等环节，参与范围狭窄。

2. 缺乏统一的数字化标准

无规矩不成方圆，数字档案资源建设一直在持续推进中。我国在推进数字档案资源建设工作时参考的标准主要有《电子文件归档与电子档案管理规范》（GB/T 18894—2016）、《录音录像档案管理规范》（DA/T 78—2019）、《政府网站网页归档指南》（DA/T 80—2019）、《党政机关电子公文归档规范》（GB/T 39362—2020）、《电子档案管理系统通用功能要求》（GB/T 39784—2021）等。这些档案行业准则在具体实践中更注重档案数字化管理和技术方面的要求，对馆藏档案进行数字转换的过程中社会力量如何参与、参与范围和参与形式等问题的解决较少涉及，后续数字档案资源建设、传播利用环节缺乏规范性约束，与实际操作之间缺乏必要衔接，无疑将会直接影响到数字档案资源建设工作的效果与质量。从目前的政策标准来看，针对数字档案资源建设工作中的具体参与式标准尚未统一，因此在数字档案资源建设中，存在着各种不同类型的数据标准不统一、信息不规范以及档案处理受限等问题。由此，从参与理念出发，建设立足实践、操作性强、规范统一的数字档案资源建设标准迫在眉睫。

第三章　档案收集与整理工作的优化

档案的收集和整理是指遵照国家有关规定和要求，通过科学合理的方法，接收分散在各机关或个人手中的各类档案，集中到各自的有关档案部门和各级档案馆进行统一管理。通过科学合理地收集和整理档案，可以为各机构提供有力的支持和保障。档案收集与整理作为档案管理的起点，也是各地区档案馆贯彻统一领导、分级管理原则的重要举措。因此，我们必须更加重视档案收集与整理工作，创新档案收集与整理的形式，提高档案收集与整理的整体效率，为档案信息的共享创造适宜的条件，进一步提高档案收集与整理的质量，确保档案管理更好地服务于时代的需要。本章围绕档案收集工作的优化和档案整理工作的优化两方面展开。

第一节　档案收集工作的优化

一、档案收集工作概述

档案的收集主要是指组织内部文件的归档，档案收集的范围也是归档的范围。档案收集是档案工作的起点。收集是档案管理工作其他环节的重要基础，没有收集就没有其他环节。档案收集是否完整，直接影响档案管理工作的其他环节，特别是对档案的有效利用。

（一）档案收集工作的要求

1.收集要做到完整性、规范性

档案收集的完整性是首要条件，必须坚持应收尽收，只有进一步明确档案资料收集的范围，才能保证档案资料的完整收集。档案材料的收集也要符合规范性要求，不仅要在实质上规范，而且要在程序和形式上规范。

2. 收集要做到合规、合法与高效

合规、合法、高效是实现档案收集科学化、严谨化、规范化的基本保证。在档案收集和积累的过程中，应建立一套系统化管理机制，确保档案在各项管理决策和深化研究中得到有效利用，从而达到保证质量的目的。

3. 收集方法要多样化

随着档案日益丰富多样，应在传统收集方法的基础上不断改进，以适应现代社会的要求。具体收集方式包括日常收集、专题收集、依法收集、跟踪收集等。日常收集贯穿于档案管理的日常过程，档案管理人员需要随时收集处理后的文件材料。对于可以单独组卷的档案，应随时装订成册，便于有效归档。专题收集可以针对单位定期开展的重要工作安排和大型活动等，以专题的形式收集工作和活动中形成的文件材料，完整、系统地归档，以备查和利用。把住这个关，就能使发文、统计报表、党员名册、工资审批名册等有价值的文件材料无一漏网。依法收集是对一些滞留在科研人员及领导手中的较为重要的科技资料等材料，要按照《中华人民共和国档案法》第十四条"应当归档的材料，按照国家有关规定定期向本单位档案机构或者档案工作人员移交，集中管理，任何人不得拒绝归档或者据为己有"的规定，依法收集。跟踪收集是档案管理人员以跟踪的形式开展档案收集工作，以找到问题的根源和解决办法。收集是获取档案的重要手段，收集的效果决定了档案的数量和质量。只有丰富档案馆（室）的档案，才能充分发挥档案馆（室）的作用，更好地提高档案馆（室）的工作水平和质量。

（二）档案收集工作存在的问题

1. 档案内容收集不全

档案管理机构重视对公务档案的收集，忽视了档案收集的多样性对优化馆藏结构的作用。档案管理人员对档案的多样性和档案内容多载体在档案资源建设中的价值认识不足，使得特殊载体档案的缺乏成为收集过程中的突出问题。收集的档案信息缺乏完整性，载体单一，不能多角度、多形式、多载体地反映事件的真实全貌。因此，档案内容收集不全已成为阻碍档案开发利用的关键问题。

2. 档案收集意识薄弱

第一，由于档案管理人员在档案收集问题上缺乏足够认识，相关部门存在对涉事档案资料移交不及时，对档案在学术、科研、教育中的应用价值认识不到位等，致使档案管理机构存在档案收集不全的问题，使档案管理机构、国家、人民承受了重大损失。

第二，档案管理人员缺乏专业素质。档案管理人员整体的文化程度和专业素质对开展档案收集管理工作有举足轻重的作用，目前档案管理人员队伍建设存在以下几方面的问题：一是缺乏复合型的档案管理人才。在档案管理机构工作的人员队伍中，专业技术人员偏少，档案管理人员的综合素质不高，同时也缺乏网络计算机相关技术知识，对档案管理的新技术学习能力有限。随着现代化档案管理模式的不断发展，档案管理人员及时学习和更新相关知识成为一种必要的工作要求。二是数字化进展滞后。传统档案管理工作模式存在一些弊端，如传统纸质档案保存时占用空间大，不利于档案的开发与利用。随着数字化网络信息技术的快速发展，档案管理机构在管理方式、方法上要顺应时代的发展，要依托数字化网络信息技术，对档案管理机构内部工作重新定义，转变档案工作意识，加强对工作人员的技术培训，对音频、视频、电子文档等的格式进行规范统一，为开发与利用档案奠定基础。同时档案管理机构也要依托数字化网络信息技术，完善现有档案管理机构网站、开发移动端 App 等，改善档案管理机构在档案开发与利用方面不充分、不完善的现状。

二、档案收集工作优化的策略

（一）广泛收集，保证齐全

在档案收集过程中，特殊载体档案收集不全是一个问题。如声像档案直观、立体地记录了活动的诸多方面，具有重要的保存价值，但由于种种原因，相关机构在重要工作节点不注重及时收集视频资料，造成事后不可挽回的遗憾。同时在活动过程中会产生一些实物档案，如礼品、印章等。这些实物档案很多都是孤品，如果收集不及时，事后更是无法挽回。此外，还有一些机密文件会被忽略。活动相关单位对涉密文件资料的移交非常谨慎，经常以保密为由拒绝移交活动资料。如果这些档案是事后收集的话，难度会更大，不确定性会更多。因此，在收集档案时，档案工作者需要细致。档案收集前，档案部门应及时与各机构沟通，了解涉密材料的范围、密级和解密期限，并与移交部门或移交人签订移交协议，在协议中注明涉密档案的移交时间、内容和数量，确保活动前期能做好这些工作，并对可能出现的问题进行预测，给出相应的解决方法。

近几年，档案馆建设发展迅速，但从整体来看，档案资源的利用率并不高。

作为档案馆开展公共服务的核心,档案资源的收集工作直接关系到公共服务水平。由于社会公众对档案的文化功能缺乏认知,馆藏档案不能满足公众的文化需求,所以,在开展档案资源收集工作中,应该关注公众的需求、注重文化特色,扩大档案收集的范围。具体来讲,应该做好以下工作。第一,转变传统思维模式。传统模式下,档案馆主要接收党政机关档案,随着社会公众对档案文化需求的增长,传统档案馆藏已无法满足公众的需求。因此,在开展档案收集工作时,要加强与非政府机构的合作,在做好传统党政机关档案接收工作的同时,多接收与民生相关的档案资料,在此前提下,通过汇总整合多元化的电子档案资源,对馆藏结构加以改造,进一步推动电子档案等文化产品的多元化发展。第二,做好特色档案收集工作。个人或非政府机构组织中不乏艺术家作品,这些都属于文化档案,这就要求在开展工作时主动寻找档案线索,并主动做好沟通,通过征购、捐赠等形式来丰富馆藏资源。

(二)细化收集流程

1.组建档案收集团队

为了保证档案的完整收集,在收集前,各单位抽调一个人,与档案馆委派的人员共同组建收集小组,形成强大的档案收集队伍。档案管理人员在活动前举行小组会议,一是大家可以互相认识,加强了解;二是进行责任划分。团队成员可以通过建立微信群、QQ群等便捷的沟通方式及时联系。活动开始前,应提前对档案管理人员进行系统培训,并根据不同人员的不同情况采取不同的方式。在培训过程中,可以成立互助小组,互相帮助,共同进步,优势互补,加强合作,从而培养出更多优秀的专业档案工作者群体。在征集期间,各成员应分工合作,尽力参与整个活动。如需人员接班,应做好交接工作,签字确认后离开。

2.建立档案收集网络

档案部门要层层联动,相互配合,为征收工作的顺利开展提供有力的组织保障。科学技术的发展极大地促进了档案馆的发展,档案馆的发展也离不开科学技术的进步。目前,在网上发布组稿信息已成为宣传组稿的主要方式。档案管理人员在做好现场收集档案的同时,也要做好网上活动的档案收集工作。档案部门要主动联合各单位建立档案收集网络,纳入不同人员,形成系统的档案收集网络体系,形成网上收集线。档案部门工作人员和信息技术人员通过微信公众号、微博、官网等做好重大活动宣传,开通网上档案征集方式,让不同地区参加活动的群众也能参与到活动征集中来，调动大家对重大活动档案的热情，全方位、多角度征集档案，让档案既有宏大叙事，又有细节温度。

3. 事前介入，全程参与

档案部门应该变被动为主动，在开展档案收集活动之前提前介入。档案部门要从活动筹备的时候就参与进来，深入了解这个活动的相关事宜，并与主办方组建档案团队，组建专兼职档案员队伍，制订档案工作计划，做好活动前的档案登记工作，明确档案收集的范围、内容、载体等相关信息，确保各类档案材料的完整性。同时，档案部门要与主办或承办部门保持密切联系，提前及时沟通，预测分析可能出现的问题，提出解决方案。档案部门需要指派专业的档案员对活动主办方的主要工作人员进行专业的指导，避免由不专业导致的档案收集不可避免的失误。档案部门负责人应全程参与。有些重大活动虽然漫长复杂，但要有足够的耐心和毅力。档案部门的人员在事先做好准备后，就要全身心投入档案的收集工作中去。档案部门也要做好督促检查，定期召开会议，把各阶段收集的档案先收集起来，做好整理工作，与各单位参加人员沟通，对存在的问题提出合理化建议，保证档案收集工作有序开展。结束后，档案部门与各单位做好协调工作。面对档案涉及面广、收集难度大的问题，档案部门不仅要先作为、敢作为，而且要做好、做全，树立"事前介入、全程参与、事后协调"的工作态度，建立档案收集新模式，更好地解决重大活动档案收集问题。

（三）提高档案收集人员的专业化水平

档案部门要把握机会，运用多样化形式，按时开展档案收集相关活动，宣讲档案收集工作的注意事项和专业知识，提高档案收集人员的专业技能，使其掌握科学的方法，提升档案收集工作的质量，同时严格要求工作人员按照档案收集的相关法律法规完成任务。要加强档案收集人员的事业心和责任感，培育相关工作人员积极进取、坚持不懈的精神和负责任的工作态度，各司其职，攻坚克难，保证档案收集工作顺利进行。

（四）同步考虑鉴定要求

针对收集过程中未考虑价值鉴定的问题，建议在档案收集中提前引入鉴定理念。档案收集应遵循价值原则，即在接收或收集档案时，应进行档案保存价值的鉴定。档案部门应根据时间、内容、形式等鉴定标准对整体工作中收集的档案材料进行鉴定，确定合理的收集范围，避免盲目收集。首先，档案收集要注意特色。

建议将内容的独一性作为档案价值鉴定的重要标准。建议地方档案部门立足于科学研究，因地制宜地在整体工作中明确档案价值鉴定标准，在保证完整性的基础上，保留具有地方或地方特色的历史记忆。其次，档案收集要设置合理的时间点。档案接收对象应按规定程序在形成单位归档，不宜盲目提前进馆。至于要收集的对象，档案部门不要盲目要求过早收集入馆，应该科学衡量档案材料的实际利用价值和历史参考价值，避免过早收集造成资源闲置。基于价值鉴定对档案选择性收集，可以减轻档案部门后续整理和保管的压力，也可以更有针对性地开发馆藏资源。这将有助于档案部门形成具有地方或行业特色的档案资源开发成果，为其他工作提供更精准的资政服务，为社会输出更好的公共文化服务。

（五）加强档案收集工作的协同治理

丰富的馆藏资源是档案管理的基础，档案馆必须保证档案的收藏率。当前，收集主体单一、收集力度和深度不够、收集覆盖面不够等诸多问题，使得我国档案信息资源难以完全满足全社会的需求。因此，应在信息技术保障的前提下，合理依靠外部社会力量并达成统一共识，通过灵活多变的网络媒体，打造档案协同收集模式，从而跨越时空限制掌握优质的档案资源，提供更多具有开发价值和历史意义的信息资源，以反哺社会，推动档案高质量发展。一般来说，协同治理视角下的档案信息资源采集，是指以档案资源共享和需求互通功能为基础，以档案信息主体和资源研发平台的协同为支撑，在全过程中充分发挥各类档案信息资源采集者的优势，以综合利用各种采集方式的功能性为主要手段，以实现档案信息资源价值为最终目标的档案信息资源采集。

第一，与档案形成者协同，确保所有应收档案都已收回。首先，档案馆的重要任务之一是依法合理接收和收集档案信息资源，建立有用的、有指导意义的、有利于促进档案事业发展的档案馆藏。其次，人类社会的不断发展进步，社会知识结构水平的不断提高，促进了家庭档案的发展。更多的人开始了解如何建立个人或家庭档案，及时将重要且有意义的档案上传到管理平台，改变以往定期移交归档的模式。档案人员可以在收到上传推送后对档案进行分类整理，确定该类材料不会有新的信息后归档保存。及时存放档案，可以有效避免因各部门档案材料丢失或档案保管人员晋升、离职而导致档案无法归档的风险，也可以避免因累计存放而导致档案丢失的风险。在档案利用方面，各管理部门可以通过平台直接访问和下载所需档案，为后续工作、物质支持和部门发展提供有力保障。在档案收集方面，工作人员可以在收到档案后进行材料的分类整理，可以缓解档案集中整理的时间和任务压力，可以将更多的精力放在每一份材料上，及时查漏补缺，提高收集材料的质量和管理效率。

第二，与档案利用者协同，整合档案用户需求。在大数据背景下，任何用户在网络上的查询和浏览都会留下历史和痕迹。档案馆可以据此进行大数据分析，分析和探索档案利用者的诉求。这个模式就如同网上购物，用户在购物网站浏览过一定数量的商品之后，网站就会分析并推送出"猜你喜欢"的同类商品。同理，档案馆也可由此探索和了解档案利用者的需求，在分析档案利用者需求的基础上调整馆藏结构，更好地为社会服务。

第三，与档案整理者协同，主动获取档案资源。自进入大数据时代以来，信息技术的发展不断引领各行业的创新改革，档案馆要学会利用社会力量和网络力量来完成档案资源的整理工作，需要通过主动抓取及时整理归档所需的网络资源。信息时代的飞速发展导致了社会信息中网络资源的混杂。由于网络资源数量比较多，更新速度比较快，良莠不齐的信息都是一闪而过，而用户的信息资源归档意识较差，容易导致重要信息资源被垃圾资源占用，需要的时候再去搜索就会耗费大量时间。鉴于此，档案馆应不断完善档案收集手段，面对网络信息实施自动攻击策略，及时抓取重要网络档案资源，及时录入档案管理数据库，按数据类别进行整理分析，再推送到协作部门进行验证，使对工作有帮助、有指导意义的资源得到分类存储。同时，要通过网络媒体、信息推送等方式宣传档案工作，培养用户的信息资源档案意识，及时将重要的、有意义的档案文件上传到管理平台，改变以往定期移交归档的模式。

档案馆收集工作既需要进一步加强各个机构之间的内部沟通和协作，也需要进一步加强与其他信息服务组织之间的外部沟通和合作，以期最大限度实现对信息资源的共享。

（六）加快档案收集数字化建设

在纸质材料的数字文件和非数字文件的分类中，非数字文件可能不具备数字转换的价值，或者因为保密要求无法进行数字转换，所以这类文件通常只需要保留纸质材料即可。对于其他需要数字化的档案，必须有专人安排相应的转换工作，并根据档案类型和频率进行转换。在实际的档案收集过程中，可能会因为各种原因出现档案缺失现象。为了防止档案出现异常情况，需要及时设置档案内容，并通过数字化系统提醒档案所有者和管理者，从根源上保证档案的完整性。档案数字化建设完成后，可以对原始档案进行封存，避免其他因素造成的泄密和损失。

在纸质档案数字化的过程中，要高度重视各种档案的电子档案，避免以后可能出现的重复性工作，减少人力、物力的投入。

（七）实现档案收集渠道的自动化

在信息化建设的背景下，越来越多的档案以数字化形式呈现，这就要求档案管理部门在档案收集过程中重视档案收集渠道的自动化。特别是目前很多单位的档案都是由办公自动化系统生成的，因此档案管理部门也应该建立档案信息管理系统，实现档案信息管理系统与办公自动化系统的有效对接，进一步提高档案管理的效率，减少档案收集的复杂性和重复性。

一方面，档案生成部门的工作人员要重视档案上传工作，及时将形成的档案信息上传到信息系统，并提醒档案管理部门及时收集和处理这些档案信息，保证档案收集工作的有序开展。

另一方面，档案管理部门要与档案生成部门沟通，进一步明确档案收集渠道自动化建设的必要性和重要性，在双方的共同努力下，实现档案管理系统与本单位办公自动化系统的有效对接。此外，要为档案管理人员设置办公自动化系统的账户权限，对档案管理人员进行认真的教育培训，确保档案管理人员能够熟练掌握办公自动化系统的操作和管理，对办公自动化系统在线生成的各类档案信息文件进行查阅、监督、指导和归档。

（八）优化建档主体的收集方式

建档主体的档案收集方式主要是指单一的建档主体自身开展的档案收集工作方式。

1. 即时收集

接收是档案管理机构传统的档案收集形式，具有经济成本低、工作人员操作简便等特性，但同时也具有被动性。针对不可预测性和紧迫性事件，即时收集档案在保护档案信息的完整性与系统性方面起到了决定性作用。

2. 购买收集

购买收集是指档案管理机构以收集档案信息的完整性与系统性为需求，通过协商方式从档案所有者手中计价收购所需档案资源。因部分档案资源掌握在个人手中属个人财产，如个体不愿无偿捐赠，建档主体只能通过购买的方式收集档案资源。社会突发事件的照片、视频音频、相关物品等都属个人财产，作为商品出售具有一定的市场价值。

3. 数字化收集

目前数字化加工处理档案信息是档案收集保存的主要技术手段，能够提高档案管理工作人员的收集效率，减轻工作强度。作为建档主体，档案管理机构通过扫描、拍照等技术手段对档案信息资源进行数字化加工，可将档案信息永久保存。

4. 档案信息服务平台端的档案收集

档案信息服务平台端的档案收集工作可分为"平台共建"和"激励机制"两部分。一是"平台共建"。有些档案信息呈现多元化、分散化及时间不定性，一些档案载体还涉及产权问题，利用"平台共建"可在一定程度上解决档案信息多元化、分散化等问题，同时也可间接解决档案管理机构收集档案信息资源的难题。二是"激励机制"。要维护档案信息服务平台平稳运行，就必须确保档案信息主体、用户及有关部门共同参与。为激励参与档案信息服务平台的每个"参与者"，档案管理机构要制定相应"激励机制"，通过物质奖励及交换等方式鼓励用户积极主动地向档案信息服务平台上传档案信息。

第二节　档案整理工作的优化

一、档案整理工作概述

档案整理工作主要指档案实体整理和档案信息整理。档案实体整理是指将分散的文件或档案进行分类、组合、整理和编目，形成一个有序的档案。

（一）档案整理工作的原则

1. 复杂性原则

档案有很多种，涉及的层次很广。档案管理人员如果不清楚各类档案整理的规范，就容易在档案整理中出现失误。为此，档案管理人员应充分考虑档案种类复杂的特点，认真梳理档案材料，按规定进行各项档案整理，注意区分档案的业务范围，注意文件档案的时效性，及时核对有疑问的档案，使繁杂的档案整理工作变得条理清晰、简单明了。

2. 集中完整原则

本着统一领导、分级管理的原则，档案管理机构可以在全国范围内有效地管理和控制档案，防止各自为政，更有利于社会主义档案的开发和利用。整理档案要充分利用原有基础，保持档案之间的历史联系，便于保管和利用。档案整理中充分利用原有基础的目的是最大限度地维护档案的历史关系，同时节省人力、物力，这也是尊重历史的表现，能够保持档案整理体系的相对稳定。保持档案之间的历史联系，就是保持文献之间固有的历史联系，不要轻易打乱，使文件能够完整、真实地反映当时的历史活动。方便保管和利用是档案工作的基本出发点和最终要求。只有保持档案之间的历史联系，才能更好地保管和利用档案，这是档案保存的最终出发点。

3. 保密性原则

档案种类繁多，如人事档案包含个人隐私、科研档案中记录着珍贵的科研数据。如果这些档案被恶意泄露，会对单位的经营和发展造成很大影响。档案管理人员需要对这些档案进行分类归档。为了保证档案信息的安全，只有相关工作人员才能参与此项工作，其余人员不得随意浏览机密档案资料。一旦发现泄露风险，将依法依规进行处罚。

4. 重视原有基础原则

在整理档案时，要充分尊重历史档案，不能盲目打乱档案的类别和编号。已排序的档案应尽量保持原分类，不合理的内容可通过重新编制档案索引序号进行整理。档案整理关系到档案管理基础是否牢固。档案管理人员要站在新的发展起点，积极利用以往的档案整理基础，不断提高档案整理工作的整体质量。

（二）档案整理工作的方法

统一档案整理方法在国家档案事业中具有重要作用，它可以保证全国档案整理水平的统一，提高档案整理质量，打破各机关的不统一，提高档案的科学管理水平。档案整理方法是档案整理理论的重要组成部分，是档案整理理论在实际工作中的具体体现和应用。从某种程度上说，档案整理理论的发展水平决定了档案整理的水平，因为实际工作受理论发展水平的制约。

为了适应当今时代对档案计算机管理的要求，我们应该对过去的档案整理方法进行反思和总结，深入学习档案整理方法，摒弃过去的立卷方法，改为立件归档。以件为整理单位来管理档案，减少了立卷工作中烦琐的环节，降低了档案工作者整理档案的难度，可以更好更快地整理档案。

1.电子档案的整理方法

对于电子档案的整理，在新形势下，档案管理人员要做到以下几点：一是确保所有电子档案管理规范，所有档案集中组盘；二是建立完善的数据库，利用这个数据库管理电子档案的信息，做好分类，建立不同的档案目录，便于以后查阅。同时，如果对电子档案进行整理，需要档案管理人员利用现代化设备将档案信息输入电脑，然后借助网络技术完成档案数据传输。档案管理人员整理完档案后，还应进行电子档案的正常分类管理，做好档案的分类归档工作，并存入电子档案数据库中保存。档案管理人员在管理电子文件时，要把所有的电子文件整理出来，输入一个数据库系统中，并且在输入的过程中，要附上文字和多媒体信息。文字信息主要是对人的综合信息的描述，多媒体信息主要是音频、图像等信息。新形势下，档案中有很多电子档案，如设备、声像等。档案管理人员在整理电子档案时，要先对这类档案进行扫描，然后按照标准对信息进行整理，以方便未来用户的使用和查询。对于设备的电子档案，档案已从纸质转换为电子形式。因此，档案管理人员不仅要采用正常的档案整理方法，还要建立工作台，对档案进行详细的分类和整理。

2.纸质档案的整理方法

（1）以"卷"为单位整理

根据文件的形成和处理的关系，将它们组合成文件。一个"卷"可以包含多个档案，即一个单位中同一年份、保管期限、组织机构的多个档案有机地组合成一个卷。一些密不可分的文件要按规范，如原件和附件、印稿和终稿、原件和复印件、答复和请求、批示和报告、转发的文件和原文等排列在一起；不同年度的文件一般不放在一起归档，但如遇跨年度情况，应放在收尾年度，跨年度请示和批复放在批复年度，跨年度规划放在第一年度，跨年度总结放在最后一年度，跨年度会议放在开年度。确定文件材料的密级，涉及相关内容的机密文件应单独归档；归档文件和档案应分为三个保管期限，即永久、长期和短期。

（2）以"件"为单位整理

"件"是归档文件的整理单位。一般以每份文件为一件，文件正本与定稿为一件，正文与附件为一件，原件与复制件为一件，转发文与被转发文为一件，报表、名册、图表等一册（本）为一件，来文与复文为一件。按"件"整理的档案整理步骤是文件分类、鉴定保管期限、装订、排列、编号、盖归档章、编制归档文件目录、装盒、填写备考表、填写档案盒封面、编写归档文件整理说明、编制归档文件目录册、档案排架。

（三）档案整理工作存在的问题

1. 档案整理不规范，效率低

在档案整理过程中，一些单位的工作人员可能并不能完全负责整个活动，人员更换也时有发生，工作交接不到位，给后续工作带来不便。不同部门之间缺乏协调，导致整理工作杂乱无章，忽略了很多细节，查找时间过长的档案需要花费更多的时间，无法保证档案工作的顺利开展。目前，档案的整理仍然主要由人工完成。所有单位组合在一起，整理出大量的档案。每个单位都有自己的体系，整理出来的结果不太一样。由于各单位档案人员的业务素质和能力水平参差不齐，掌握和执行的分类标准不统一，导致档案分类不规范。

档案全宗的确定需要科学的判断。档案的全案性决定了档案是分散管理还是集中管理，对后续的开发利用有着重要的影响。目前，在学术界，不同的学者对整个全宗的建立持有不同的观点。每个单位都有自己的档案管理办法，尤其是有跨区域合作的时候，差异很大。全宗问题的处理直接决定了活动在备案后是否完整，以及后续的开发利用。在实际管理工作中，我们一直遵循的档案整理原则是"保持档案之间的历史联系"。保证整个全宗档案的完整性，也就是俗称的"全宗要全"。如何划分好整个全宗，必须视情况而定，制定好标准，不能一概而论。

2. 建档单位不统一

档案管理机构在档案整理方面存在建档单位不统一的问题，具体表现为档案管理机构在对档案信息资源建档时，难以全面应对整个档案信息的收集建档问题。政府相关部门、社会组织、新闻媒体以及个人都是档案收集的主体，然而存在的问题是依据规定整理再移交档案管理机构，虽然减轻了档案管理机构在收集档案方面的压力，但同时也破坏了档案信息资源的系统性、逻辑性以及带来查阅不便等问题，这对档案管理机构的管理工作提出了新的要求。

3. 档案整理监督不到位

一些档案管理部门对整理工作重视不够，档案管理人员经常调换工作。而新进的档案人员没有经过教育培训，缺乏指导，对整理工作了解不多，很难按照相关制度规范的要求对档案进行管理。另外，在整理过程中，部分业务单位往往以各种理由推诿，而档案管理部门缺乏相应的处罚机制，无法监督执行。在整理过程中，一些文件材料不完善，相应的格式不规范，在很大程度上给档案管理工作带来了压力。档案整理监管不到位，导致档案整理工作难以按时完成。

二、档案整理工作优化的策略

在档案整理上不能过于简单，而是应当将其作为珍藏品进行科学、合理的整理与储存，最大限度维持实物档案的原貌，防止出现污染、损坏、遗失的情况，尽量延长实物档案的寿命。

（一）完善档案整理规范

档案整理的标准缺乏统一的规范，使档案整理工作难度加大，难以做到各行业之间的相互沟通和交流，因此，及时、有效地建立一套完整的档案整理标准迫在眉睫。只有行之有效的档案整理规范，才能确保档案整理工作顺利地进行。首先，形成档案整理的规范意识。档案整理工作是整个档案管理的重要步骤，档案管理的完整和规范性，能够帮助国家、个人以及各单位全面地了解各单位或者事件的历史情况以及现状，并且能够根据现有的档案资料做出对未来的展望和规划。所以档案整理规范意识应该是每一个档案管理人员都具备的意识，档案管理人员应该多方面入手强调档案整理的重要性，强调档案整理的规范性，对档案整理工作做出合理的规划，以实现档案整理的规范化、标准化以及现代化。其次，细化档案整理流程。坚持档案整理的规范和创新，对档案整理工作流程进行细化，责任到个人，每个环节专人负责，在整个档案整理过程中要有整理，有核对，有监督，有反馈，任何一个环节都不要遗漏。

（二）领导重视与宣传工作相结合

在档案整理工作的过程中，具体工作主要包括实物档案的整理、统计和编目等，必须引起档案管理部门的高度重视。档案管理部门需要定期组织相关工作会议，主要是及时纠正实物档案整理中暴露出来的问题，加大对实物档案整理重要性的宣传力度，使所有相关工作人员对整理工作形成深刻的认识。档案管理部门也要定期加强与各部门的沟通，做好他们的思想工作。

领导部门要重视档案的归档整理，使归档工作有序推进。要对归档整理计划的执行情况进行"挂图作战"和阶段评估，调动相关工作者归档整理的积极性，不断提高其归档整理的能力。为了加强有关部门对文件归档计划的重视，我们可以从以下两个方面入手。

第一，建立健全领导带班制度。提高领导干部对档案工作的重视程度，主管领导要进一步提高认识，明确档案对人民生活的重要性，强化档案的重要性。有了上级领导的亲自监督，档案工作者在工作过程中就有了动力，可以使档案工作者认识到自己工作的重要性，从而更加认真地工作，保证档案管理相关工作的顺利进行，提高工作效率。

第二，加强监督，建立和完善奖惩制度。通过"挂图作战""倒排作业"等手段，使相关负责人能够严格遵守既定的标准和要求。通过阶段性评价，给予物质和精神鼓励，提高相关责任人进行归档整理的积极性，进而提高工作效率。

（三）完善档案整理工作制度

档案整理工作进展不顺利，管理制度不完善是重要原因。档案的整理是一项复杂的工作。要保证文件档案工作的规范化，必须依靠健全制度的支撑。因此，加快建设专门的文书档案管理、收集和归档制度，明确档案的整理方式、管理期限和责任归属，具有十分重要的意义。首先，根据实际情况和相关管理规定、职能制度，明确档案整理范围，规范备案工作流程。其次，构建部门间的有效沟通机制，明确整理期限，督促其他部门及时将需要归档的材料送至档案部门，不能立即收集的材料由相应人员记录，确保及时归档。应加强对临时文件的整理，避免归档文件的丢失和错漏。最后，建立档案监督制度，对档案人员的工作进行监督，细化奖惩要求，加强培训，提升档案人员的工作积极性和工作质量。

（四）合理区别电子档案和纸质档案

档案资料通常分为纸质资料和电子资料，两种档案方式都有着各自的优点和不足，因此在档案归档整理的过程中，既要做到相辅相成，也要注意区别对待。信息化时代背景下，对于电子档案有着较为专业的归档整理软件，因此可以将工作重点放在对工作人员相关专业知识和操作的培训方面。纸质档案虽然不易存放，但可以简化相关工作流程。工作人员在进行档案整理时，要先做好收集、检查等工作，并严格遵循规定标准来进行档案的整理分类。纸质档案通常用于存底，需要保证档案的完整性，因此工作人员在整理时，应注意做到精、简，避免劳动资源的过度浪费。在现代信息技术快速发展的当下，这种管理模式让电子档案和纸质档案得到了齐头并进的管理，并不会由于电子档案的兴起，将传统纸质档案管理模式完全丢弃。而纸质档案管理模式的保留，也并不代表日常在查阅和翻检档案资料时，必须通过纸质档案来进行查找。信息化时代背景下，电子档案相关管理系统的设计研发也逐渐趋于成熟，当单位能够完全借助电子档案管理系统开展日常办公管理后，日常工作中的档案查阅和翻检，就完全可以在不依赖纸质档案的情况下顺利开展。这样不仅可以节省宝贵的时间，还能够有效提高单位档案管理的整体工作效率，为人们提供更加高效便捷的档案服务。

（五）运用科学先进的技术

应采用科学先进的技术完成档案整理，改变过去纸质档案整理的形式，促进档案信息化的有效进展，利用信息技术整理档案资料。要在计算机中建立档案整理系统，使整理工作更加高效、完整，加强整理人员的计算机操作能力，从而改进档案整理工作，提高档案整理工作的水平。利用信息化手段整理档案，可以减轻整理人员的工作量，减少整理档案的时间，方便档案的保管，进一步提高工作效率，促进档案整理工作的顺利进行。

（六）加强沟通，促进单位合作

档案部门和政府机构应加强联系，实现有效沟通。不同的单位必然负责不同的部分，无论哪个单位缺失都会造成损失。各单位密切联系，加强合作，互相帮助和监督，建立良好的数据传递机制，实现数据共享，便于档案部门及时跟踪和整理收集档案。负责档案工作的人员要避免懒惰，真正做到勤于动脑、勤于动手、勤于动口，提高档案管理的积极性，收集档案的同时及时做好档案整理，避免耗时过长忽略细节。此外，档案部门还要加强与新闻媒体的合作，引导他们做好负责宣传报道的各类档案的管理工作。档案部门需要注重沟通，与各单位建立良好的联系，形成稳定有效的重大活动档案整理机制。

（七）建立档案整理考核机制

一般来说，只有一项工作的好坏与自身利益挂钩，才会引起重视，提高工作效率。档案部门可以将各单位档案整理工作的绩效纳入对各单位的考核，可以有效督促相关单位做好档案整理工作，在机制上给个人分配任务，以个人完成的工作作为个人考核标准。同时，档案部门自身要做好档案监督工作，建立监督机制，定期检查各单位档案工作的完成情况，并将检查结果告知相关负责人。在档案管理上出现问题时，要及时纠正，帮助整改。单位不积极配合的，应当予以批评，从制度上加强相关单位和人员的重视，引导其做好档案整理工作。档案部门还要建立奖惩机制，对个人和单位所做的档案工作进行量化，使档案具体工作分级，对表现好的个人和单位进行表彰，对不合格的个人和单位进行通报批评，并将每次活动的结果与个人和单位的考核挂钩，从而有效发挥监督作用，对做好工作起到示范作用。

（八）捋顺档案整理工作流程

报送档案和收集档案是档案整理的两个重要流程，采取哪种档案整理流程更好没有一个确定的答案，而是要依据工作中的实际情况来选择，如业务科室工作技术含量较高，档案数量较多，如果采用报送档案流程则会导致大量档案积压在业务科室得不到及时整理，影响了档案资源利用的时效性；人事档案资料产生的时间较为固定，一般集中在年度绩效考核和新职工入职时，档案管理人员只需要在人事部门完成相关工作后，即可收集档案资料进行整理归档。因此，档案管理部门要以便利性和时效性为宗旨，捋顺各部门档案整理流程，争取高效、迅速地将档案整理到位，不耽误档案管理工作下一程序的时间，基本实现档案管理工作的标准化流程。

（九）利用信息技术加快档案整理进度

传统的档案管理以纸质资料为媒介，依靠整理者人工书写和编制。这种档案整理方式存在很大的弊端，极易出现人为失误，如疏漏、错误等且速度缓慢。信息技术的应用则可以很好地解决这一问题。第一，自动化办公软件的应用，为档案资料整理带来了极大的便利。复印机、扫描仪、传真机已经成为档案整理的有效工具，这些先进技术的应用大大提升了档案整理的速度。第二，录音笔和摄像机的应用，可以将档案信息以多种形式储存，丰富了档案的形式。第三，虚拟整理技术的应用。虚拟整理是指历史联系的整理，是一种与实体整理技术相对应的技术。在档案的分类中，大量的历史联系必须通过整理来构建。因此，在信息技术迅速普及的今天，虚拟整理突破了以往对档案历史的实质性限制。但其本质并不局限于历史联系的整理，而是历史联系和逻辑联系的融合，也就是说，虚拟整理是一种不考虑档案实体，利用信息技术整理档案的历史和逻辑联系的活动。我们称为"虚拟"是因为它依靠信息技术再造了一个记录档案联系的系统，而这个再造的档案联系系统可以与原有的档案整理系统整合，在必要的时候可以独立出来，起到了非常重要的作用。虚拟整理技术使档案的逻辑联系更容易显现。在历史联系的构建完成后，虚拟技术仍然可以重建一个系统来整理档案的逻辑联系。这种二元档案的实践模式突破了我国现行的档案管理模式。电子文件的整理本身必然包含虚拟整理的内容，也就是说，分散在磁盘各个位置的电子文件的整理要有历史和逻辑上的联系。

（十）建立健全档案整理研究的多元主体合作机制

第一，以资源整合为基础，促进多元主体优势互补。形成资源导向、多元主体资源共享的合作机制。具体而言：一是应按区域建立合作网络，吸纳区域内档案馆、研究部门、高校、科研院所等有资源需求的主体，形成区域资源合力；二是构建具备档案条目浏览、智能化检索、来源查询、资料上传、资料下载等功能的资源共享平台，以及供档案工作人员、研究人员和其他专家学者交流的平台，实现档案、人才、技术、信息等资源的整合，并畅通多元主体工作者间的交流渠道。

第二，以专题项目为主导，推动多元主体目标协同。鉴于多元主体的职责差异，采取多元主体共同立项的方式参与档案的整理研究。多元主体作为项目责任共同体，以项目的顺利展开与结项为己任。一是选择适合的主题确立项目，划分职责，明确预期成果，以项目主题为主线，紧紧围绕主题开展档案的整理研究工作，形成档案馆掌握档案来源、把控历史细节和历史事实的协同机制。二是组建专家学者在内的项目团队，共同进行档案的整理研究工作。一方面凝聚多元主体共同对项目负责，另一方面依靠各主体职责优化项目分工，实现多元主体互通有无、各司其职，助推项目有序进行的同时，也避免陷入由职责差异导致"各自为政"的现实困境。

第四章　档案鉴定与保管工作的优化

档案鉴定和档案保管工作贯穿于整个档案管理的全过程，决定着档案管理工作的质量和数量，对档案事业的科学健康发展起着至关重要的作用。这就需要进一步提升档案从业人员对档案鉴定和档案保管工作的认知，更好地推进档案管理工作的开展。本章围绕档案鉴定工作的优化和档案保管工作的优化两方面展开。

第一节　档案鉴定工作的优化

一、档案鉴定工作概述

档案鉴定的过程实际上就是对档案进行选择和处置的过程。档案作为人类生产生活的客观记录，如果不考虑保存能力的限制，必然是尽可能多地留存下记录历史活动的档案，这样才能为后世查找以往档案提供最丰富的文件记录和最真实的、最全面的信息。但从档案的记录形式来看，档案的载体经历了多种多样的变化。在纸张使用之前，中国古代有甲骨档案、金石档案、简牍档案、缣帛档案等；外国有石刻档案、泥板档案、纸草档案、羊皮纸档案、蜡板档案、金属档案、棕榈树叶档案和桦树皮档案等。

档案鉴定理论至今没有共识，因为不同的国家和地区由于行政体制和国情不同，对文件的选择和保存也不同。新的经济产业和档案类型的出现将对档案鉴定提出挑战。档案鉴定一直是并将持续是文件处理和保存中的关键问题，也是档案管理的基础工作之一。档案鉴定贯穿档案的收集、归档、保管、利用等各个环节，是档案工作的重要组成部分。在原始资料档案管理阶段，如何更新、发展和拓宽档案鉴定理论的内涵和边界，使其更好地适用于当前的档案鉴定工作，最大限度地发挥档案信息资源的价值，从而避免人力、物力等资源的浪费，是档案学界迫切关注的问题。

（一）档案鉴定工作的方法

1. 分析文件的名称、稿本和外形特征

文件的名称或文种，在一定程度上反映文件的价值，如决定、命令、指示、条例、会议纪要、总结等，往往要比通知、简报等文件的保存价值大。不同的文件稿本，其保存价值也是有区别的。通常情况下，文件的定稿和正本比草稿和副本的保存价值大。文件的制成材料、制作方法、笔迹、图案等，凡有历史的、文化的、科学研究等方面特殊意义的，则比文件的本来价值相对要高。

2. 分析文件的内容

分析文件的内容，是鉴定档案价值的基础。内容重要的文件价值大，内容一般的文件价值小。如反映党和国家有关方针政策、反映本部门主要职能活动和业务工作、反映本单位重大事件和中心工作的文件，内容重要，保存价值较大，保管期限应当从长；反映日常事务性活动的文件，其保存价值就小。对文件内容的分析，通常围绕内容的重要性、内容的独特性和内容的时效性这三个方面进行。

3. 分析文件产生的时间

文件产生的时间不同，其保存价值往往也会不同。一般来讲，文件产生的时间越早，保存量越少，越珍贵。

（二）档案鉴定工作的标准

1. 数据质量标准

传统的纸质档案鉴定，只需要观察档案的载体是否为档案原件，并且没有遭到篡改和破坏，即能确认档案的内容信息是真实的。在纸质档案的鉴定阶段，对于档案载体的鉴定是档案管理工作的重要内容。对于电子文件和电子档案来说，对其"四性"（真实性、完整性、可用性、安全性）的检测是价值鉴定和归档工作的核心，需有相应的标准来保障电子文件的质量。对于档案数据来说，数据库和数据表中是否存在重复数据、冗余数据等都关乎数据的质量，这是影响档案数据价值鉴定的重要因素之一。因此数据的质量也是鉴定过程中需要依据的重要标准之一。数据的质量是档案数据管理的关键和基础，质量较高的数据能够提供完整、丰富的语义，从而更完整地保留业务活动内容信息，在未来可以提供更加便利的利用，因此，质量高的数据有更大的保存价值。数据的质量主要包括以下两个方面：真实准确性和完整性。

第一，真实准确性。档案数据的真实准确性是指数据与其所记录的事实和实体是否一致，通过保证数据的内容、逻辑结构和背景都与形成时的原始状况相一致，确保档案数据的真实、可靠和准确。对档案数据进行鉴定和管理时，由于其具有信息颗粒度更精细的特点，数据存在被篡改的风险，要保障数据从产生到存储的介质与环境没有被破坏，保证数据的来源清晰明确，内容是合法的并且符合业务的活动流程，数据的格式准确无误。档案数据的真实性代表了一种内容上的可信和权威，档案数据真实性的缺失会损害数据作为档案的凭证和查考价值。

第二，完整性。与传统的纸质档案不同，档案数据都是在计算机管理系统中产生和存储的，因此档案数据的完整性有以下两方面的含义：一方面是档案数据本身的完整性，特指数据涵盖的范围全面，数据之间相互关联且没有被伪造、修改和删除；另一方面是数据管理系统的完整性，由于档案数据的存储和阅读都要依赖一定的系统环境，为了保障档案数据的完整性，数据管理系统也要通过一定的手段，如校验用户身份、追踪数据管理过程等来防止未经授权的数据增加、修改和删除，在技术层面上保障档案数据的完整性。

2. 经济价值标准

在对档案数据进行价值鉴定时，首先要考虑的是经济价值标准。经济价值标准能够衡量档案数据的效益以及利用率。如果保管某些档案数据的经济消耗要大于档案数据能带来的经济利益，那就没有保管的必要。因此这里的经济价值标准有两方面含义：一是档案数据代表和蕴含的经济价值，二是长久留存这些档案数据的费用消耗。首先，要对档案数据本身的经济价值进行衡量和判断。数据在业务活动中时时刻刻都在产生，有一些数据对于业务活动可能没有那么大的价值和意义，如一些临时性的、辅助性的数据，这些经济价值含量不高的数据可能在未来利用率很低，因此在鉴定的时候就可以有选择性地舍弃。对于其是否含有经济价值的判断，要根据业务活动的职能内容进行划分和界定。其次，要衡量留存这些档案数据的经济成本和利用率。档案数据最终的留存目的是给业务活动提供服务，云存储、区块链技术等技术环境的优化使永久留存所有数据的愿景成为可能，但不得不承认的是，技术环境还没有成熟至任意留存所有档案数据。数据作为信息流储存在计算机内部或外部介质上，数据的阅读和理解需要软硬件的支持，对于数据存储环境和方式的维持都需要一定的经济消耗，因此在对档案数据进行价值鉴定时，就需要结合档案数据的经济成本和利用率，根据档案数据的来源，也就是业务活动的重要内容和环节分配，以科学的、可持续的方式进行数据价值的选择和确定，以实现经济效益的最大化。

3. 外部特征标准

对于纸质档案来说，其外部特征是那些记录了档案目录、状态、存放位置等信息的伴随着档案一起存放的纸质文件，而电子文件和电子档案的内部特征和外部特征分别是档案全文数据和元数据。电子文件和电子档案的外部特征集中通过元数据描述，主要包括作者、机构、形成时间等内容，记录了理解和利用文件和档案的必要信息。元数据虽然有不同的划分标准，但都包括了描述那些数据外部特征数据的元数据。由此可见，拥有齐全元数据的档案数据在一定程度上就可以认为是完整的，没有信息缺失的。对数据进行规定和描述，能够减少未来在利用和检索元数据时造成的误解，因此，保障档案数据的完整性需要对档案数据的元数据进行检验。

（三）档案鉴定工作存在的问题

1. 档案鉴定制度不完善

从我国档案鉴定工作的实际情况来看，我国档案鉴定制度不够规范。我国档案鉴定工作与市场经济的发展步调存在着一定的落差，不同的档案利用者对档案的利用需求是不同的，这就要求档案鉴定制度、标准必须适应这种变化。

2. 档案价值鉴定工作不够精细

现阶段，国内档案价值鉴定标准存在诸多问题，如界定标准不明确、对不同档案的保管期限没有具体要求、可操作性不高等。此外，国内档案保管期限项目的通用化程度较高，难以适应多种多样的档案分类和档案内容。根据相关说明，不同机构在制定储存期标准的过程中可以适当考虑自身内部发展状况，但实际操作仍以国家标准为依据，给工作的具体实施带来了很大难度。当前，档案的重要程度主要靠档案保管时间来反映，然而档案保存时间所体现的只是相对价值。就某一个档案资料而言，在这个档案馆是长久性保存的，但是在另一个档案馆可能就是短时间保存的。一份有价值的档案资料，应该有一个社会的、全面的、历史的价值判断，而不是一个公司的、单一的、一段时间的价值判断。这不仅有助于保存档案，还有助于判定档案馆的层次，保障档案经费使用恰到好处。

3. 档案鉴定工作缺少效益观念

近年来，我国各级各类档案馆的馆藏数量呈现高速增长的态势，社会各界对于档案鉴定的重视程度越来越高，但是，结合我国档案鉴定工作的发展史以及各级各类档案馆开展档案鉴定的实际情况来看，我国档案鉴定工作普遍存在一个问题，那就是档案鉴定工作缺乏效益观念。档案具有双重价值，一是面向文件形成机关，二是面向社会，虽然面向对象不同，但是二者均强调档案效益的重要性。对于文件形成机关的效益，主要是将档案管理工作做到实处，通过档案的收集、整理、鉴定，从而筛选出对本单位长期发展有益的档案；对于社会的效益，则是加快档案鉴定的步伐，确定好保管期限，待保管期满后及时向社会开放，提高社会对档案的利用率，进而实现档案的社会效益。

4. 档案鉴定标准和组织有待完善

就我国现行的档案鉴定标准来看，在设计上存在一定缺陷，在时效划分上跨度较大，部分标准相对模糊，部分条款语言用词相对抽象，内容的鉴定标准相对单一，造成档案从业人员无法准确鉴定档案价值。近年来，大数据产业迅速发展，电子档案的数量急剧增加，未来还会成倍增加。相较于传统档案而言，电子档案受内容、格式、编排、元数据、物理结构、逻辑关系、背景信息、存储位置、相关参数、背景信息等各种因素限制，电子档案的价值和保存相对来说更加复杂多样，一旦出现数据丢失或破坏，就可能导致整个电子档案失去可读性。因此，国家有必要结合当前电子档案的特征和发展实际，及时出台相应的法律法规来规范电子档案的鉴定、保存和利用。此外，个别单位的档案管理部门为象征性机构，档案管理的从业人员多为其他科室抽调的内勤人员，没有配备专职或专业的档案鉴定工作者，组织的随意性和临时性阻碍了档案鉴定事业的发展。如果无法从根本上解决档案管理存在的组织结构问题，将对档案管理工作的开展产生不利影响。

5. 档案价值鉴定理论尚无定论

档案价值鉴定理论发展至今，无论是哪一种理论，都有其道理，都对档案的价值给出了评判标准，都从不同的角度对档案的价值进行了评定。档案鉴定理论随着所处时代、环境背景的变化而动态发展，目前尚在发展当中。而无论在档案价值鉴定工作中采取哪种价值鉴定理论，都免不了对档案进行筛选，去除理论上定为无价值的那一部分。档案价值鉴定理论的发展尚不成熟，理论的有效性还未经过实践长期验证，就被用来进行档案价值鉴定，免不了会有将有价值的档案判定为无价值的现象，而这些被认为是"无价值"的档案一旦被销毁，结果是不可逆转的。采用尚在发展当中的，未经长期实践检验的理论对不可还原的档案进行价值判定，其合理性必定是存疑的。

二、档案鉴定工作优化的策略

在当前社会迅速发展的过程中，档案发挥着越来越重要的作用。为了更好地衡量档案质量，需要档案人员定期对档案的价值进行鉴定。根据档案数据价值鉴定的需求，应当从以下八个方面入手来优化档案数据的价值鉴定。

（一）强化数据治理

数据治理的过程应该贯穿于档案数据的收集、管理、鉴定、存储和利用等各个工作环节，数据治理的水平会直接影响档案数据的质量。数据治理包括很多内容，对数据的预处理是数据治理的关键环节。信息内容是否完整、形式是否规范，关系着档案数据的质量。在档案数据的生命周期前端业务工作中，可能并没有考虑到数据形式的规范性，没有考虑数据生成系统与底层数据库的兼容性问题，再加上数据在业务流转中不可避免的人为操作错误等原因，原始数据的质量与处理期望并不相符，这在很大程度上会影响档案数据价值鉴定的效率和质量。因此，要强化对数据的治理能力，尤其要重视对收集待鉴定的数据进行数据预处理的工作。数据预处理是对采集到的数据进行分析，为数据的建库做好准备。数据预处理阶段是整个数据库建立过程中的重要阶段，其质量直接影响数据库的质量。数据预处理的目的是改善数据的质量，提高数据的正确性、统一性和规范性，以保证之后档案数据鉴定工作能顺利、高效进行。数据预处理可以分为四个步骤，分别为数据清理、数据集成、数据变换以及数据规约。数据清理是处理那些不符合数据质量标准的数据，如格式不统一的数据、错误的数据和冗余的数据；数据集成是对数据进行统一和规范化处理，对源数据进行分类汇总，并进行初步的差异项统一；数据变换要求通过平滑、聚集、数据泛化、规范化和属性构造等数据变换方式，对特定的数据要素进行处理，形成凝练的数据字段，这能提高数据在后续利用时的检索效率；数据规约指在最大限度保持数据原貌的基础上，最大限度精简数据量，以得到较小数据集的操作，能够减少鉴定所需的时间等成本，提高档案鉴定效率。

（二）创新手段和管理

随着时代的发展和科技的进步，公众已不再满足单一的档案利用服务模式，应创新举措、加快步伐，推进档案开放进程。一是打破以"卷"为单位的局限。一直以来，存在因卷内个别文件控制，导致整卷文件无法正常开放利用的问题。应突破传统思维模式，除卷内个别文件属保密范围控制外，其余内容均可以采用

"文件级鉴定法"，更精准地增加档案公开的数量。二是利用数据挖掘技术辅助开放。随着信息技术在各领域的运用，可以升级管理手段，探索新路径，在档案开放鉴定中尝试引入数据挖掘技术，提升档案开放鉴定工作的准确性和高效性，减少档案开放鉴定工作中的时间成本和人力损耗，使科技赋能档案开放鉴定全流域。如可以根据文件性质和文本特征，结合历史背景，将涉及政治事件、对外关系、公民隐私等问题的资料进行主题分析，提炼敏感词和抓取高频词，通过相关规律摸索与开放和控制之间的因果关联，建立档案信息开放与控制使用数据库，形成批处理智能化；依托档案数字化副本，实现鉴定初审、复审、鉴定委员会审定、目录打印、数据分类输出等全流程自动化的档案开放鉴定辅助管理，提升整体工作效率，避免因人工鉴定的主观判断和解读不同造成偏差。

（三）引入多元鉴定主体

第一，加强对当前机关档案价值的鉴定。在现在的机关中，机关档案室通常会同文书部门、业务部门制定机关档案保管期限表，经机关领导批准后执行。文件部门和业务部门将据此对档案的价值进行鉴定，并在每年需要归档的档案封面上注明保管期限。机关领导应根据数字档案价值的特点优化鉴定体系，档案管理部门提供鉴定原则和标准，各部门对本部门文件进行价值鉴定，最后由档案管理部门统一检查验收。

第二，档案管理部门加强档案鉴定工作的一般方法有：一是在数字化档案分类过程中，剔除那些内容重复、明显无保存价值的档案，通常称为"未归档档案"；二是在文件归档过程中，利用内容检索工作对数字化文件进行分析，识别文件的价值，确定每个"文件"的保存期限，剔除不需要保存的文件。

第三，在审核需要销毁的文件时，需要注意的是，对数字文件的识别也要测试其可读性，所以需要识别数字文件的电子签名对应的系统软件。

（四）提高档案管理人员的能力

档案鉴定贯穿于档案管理的全过程。档案收集后，需要通过档案鉴定来判断材料是否具有保管价值，然后根据其价值和属性进行分类保管。在档案鉴定过程中，档案管理人员的鉴定能力是保证这项工作顺利开展的基础。档案资源是最重要的不具有再生能力的资源之一，对社会发展有一定的推动作用。从档案建立到最终失去使用价值并被销毁，档案鉴定发挥了重要作用。基于此，应加强档案鉴定工作，提升鉴定工作的数字化程度，确保其能够有效挖掘档案信息的价值，最大限度地提高档案的利用率，凸显档案信息在社会发展和建设中的重要作用。在社会发展过程中，各单位或部门的档案数量不断增加，档案的种类和内容也在不断扩大。档案鉴定的发展面临更大的压力。因此，对档案管理人员的鉴定能力的要求进一步提高。档案管理人员应具备良好的鉴别能力，从繁杂的档案材料中分辨出有价值的档案信息，及时准确地识别、剔除、暂存或销毁无价值的档案，从而有效减轻档案保管的压力。

（五）扩大档案数据归档范围

档案数据是业务活动的数字化表达，根据产生数据的业务活动重要性的不同，不同的档案数据具有不同的价值。档案数据的价值通过具体的归档范围和保管期限来实现。而数据存在于数据库和数据表中，这种数据体量是非常大的，如果对数据库中的数据进行不加选择的全归档，会夹杂很多无用的数据；如果盲目地挑选部分数据进行归档，则可能破坏数据库内容的完整性，造成信息的丢失。在这种情况下，就需要重新考虑档案数据的归档范围问题。一方面，如同电子文件和电子档案归档范围和保管期限的形成模式一样，档案数据的归档范围也要根据产生档案数据的业务活动内容的重要性来划分；另一方面，要考虑到不同档案数据的重要性。根据数据的内容、作用以及功能的不同，可以将数据分为主数据、元数据、参考数据、条件型数据、事务型数据、分析型数据等，可以使用全数据这一概念来概括上述所有数据。这其中主数据是数据之源，是数据管理的核心。主数据是超越单独业务部门与业务流程而存在的，可以说是某一组织机构所有职能部门都重视的数据。主数据是档案数据归档范围中的重点数据和核心数据，因此需要重点鉴别和保存主数据。数据的全面性，即为全数据，也是在划分档案数据归档范围时需要考虑的内容。数据间关联关系的存在使数据有了意义，为了保证和维护档案数据内涵的全面和完整，就应当在保存条件、技术条件许可的情况下，尽可能多地保管数据。随着时间的推移，留存下来的数据越多，越能帮助人们还原当时发生事件的历史全貌，这也是档案的使命和价值。

（六）设计合理的档案数据价值鉴定流程

档案数据的价值鉴定活动并不是单独由档案管理人员就能够独立完成的，鉴定工作是一项系统性活动，鉴定工作的顺利开展和进行需要不同领域专业人员的协同配合和共同参与，其鉴定过程也是十分复杂的。不仅需要确定参与档案数据价值鉴定的主体，也需要设计一个科学、合理的鉴定工作流程，依据设立的鉴定原则和标准指导鉴定工作的高效开展。

1.档案数据价值鉴定流程

档案数据的鉴定需要遵循全过程管理和前端控制的思想。数据相较于具有固定版式的电子文件,其产生到传输和保存都更有易篡改的风险,因此要在数据生成时就对数据的操作进行记录,进行实时的跟踪和记录,形成操作日志,从数据产生的前端,对数据进行有效管理,保证档案数据的完整性和真实性。

档案数据价值鉴定的主要流程包括:一是确定鉴定主体人员,档案数据鉴定工作需要多主体、多部门协同参与;二是确定需鉴定的数据,确定鉴定对象的范围,也就是档案数据的范围,并不是所有的档案数据都需要进行鉴定,那些没有归档和保存必要的档案数据就不需要进行鉴定工作;三是确定档案数据的鉴定标准,根据鉴定对象在内容上的特殊性,确定相应的鉴定标准规范和操作指南;四是在技术上实现鉴定功能,档案数据的鉴定工作要依靠数据管理系统和档案管理系统共同完成和实现,应将档案数据价值鉴定技术指标的内容和方法固化在数据管理系统和档案管理系统的接口功能之中,在系统中通过归档接口的功能集成设计,实现档案数据的采集、预处理和价值鉴定;五是复核鉴定结果和效果,对鉴定结果进行完成度检查,对于未实现鉴定要求的功能进行整改。

2.档案数据价值鉴定人员

我国对于档案价值鉴定主体人员的认识一般是依据"三结合"的原则,即档案管理人员、业务人员和有关领导应该共同参与档案价值的鉴定工作,并且这项内容广泛地存在于我国档案相关的法规标准之中。"三结合"的鉴定主体原则同样适用于档案数据价值鉴定工作。档案数据价值鉴定的主体参与人员应为数据生成部门人员、档案管理人员和计算机领域专业技术人员。数据生成部门人员负责对产生数据的业务活动进行分析,保障档案数据来源的全面性。数据生成部门人员不仅是档案数据的形成者,也是档案数据最相关的第一利用者代表。档案管理人员负责根据档案法律、法规和行业规范,指导数据鉴定工作的开展。在鉴定过程中,档案管理人员负责制定相应的鉴定标准和规范,确定档案数据的价值、归档范围、密级和保管期限,判断档案数据长期保存和保管的基本要求和标准。计算机领域专业技术人员负责在技术上实现档案管理人员提出的档案数据鉴定的功能要求,包括档案数据捕获接口实现方式、档案数据价值鉴定的"四性"检测要求等。

（七）重视档案鉴定工作的历史使命

　　档案鉴定非必要论在一定程度上混淆了档案与历史、记忆之间的关系，然而这并不能否认持论者所表现的对档案工作历史使命的重视。档案是历史研究和记忆构建的重要资源，档案鉴定所依循的理论、标准、程序，以及鉴定者本身的价值观念与知识水平影响着后代人面对档案资源的态度。档案鉴定并非一项简单的业务工作，而是选择当下以供未来的时空联结。档案鉴定非必要论所强调的保存完整的社会记忆，正是基于以往档案收集过程中过分重视官方来源的档案，忽视民间档案，导致社会记忆破碎的实际情况而提出的。数字环境下，个人和群体生成档案的价值越发凸显。在国家规范性存档系统中留下的档案固然能见证特殊时代背景下的社会活动与国家精神，但更多有关普通大众的鲜活记忆广泛散布在微博、论坛甚至个人朋友圈之中。由此推之，档案工作者需要树立更为科学的历史观，现存的档案工作体制、资源规划制度等也应从历史、记忆与文化的视角来加以变革。

（八）精细化开展档案价值鉴定工作

　　档案鉴定不仅是档案管理人员的工作，也是业务人员的工作。除了依靠档案管理人员，还需要各行各业专业人士的参与。档案鉴定主要集中在归档和销毁两个重要环节。如何保证有价值的档案不被遗漏，提出以下建议。

　　第一，目前关于档案鉴定的理论研究大多还是针对纸质档案的。对于各单位不同专业的档案，要依靠各方面的专家和综合档案管理人员，制定统一细化的鉴定标准和保管期限，在实际操作中挑选出真正有价值的档案。档案馆和档案形成部门应当根据各类档案的保管期限，及时进行档案价值鉴定。对不具有保管价值的档案，由档案部门编制档案销毁清册和档案销毁汇总表，报专业主管部门和档案鉴定领导小组批准。对需要保管的档案，将需要归档的档案进行重建、编号，确定新的保管期限，存放在综合保管室。需要批准销毁的档案，由档案形成部门、档案管理部门和监督部门在同一地点集体销毁，超过保密范围的档案销毁，必须经当地保密部门批准。

　　第二，把各方面的专业人士纳入档案鉴定领导小组，由领导小组协调各部门的档案鉴定工作。专职档案员可与各业务部门共同研究制定归档单位各部门的归档范围和保管期限表。机构和人员相对固定，并随着业务的发展不断完善，指导档案的归档和销毁工作。

第二节 档案保管工作的优化

一、档案保管工作概述

档案保管在档案管理过程中，时间跨度长、工作量大、工作内容多，最容易出现安全问题。一是档案库房条件差，容易出现档案的损毁；二是保管条件不完善，纸质档案容易出现字迹褪变，纸张发脆、发黄等物理、化学变化；其他介质档案容易出现消磁、无法读取等现象；三是保管制度执行不严格，存在档案丢失、涂改、损坏的可能性；四是突发自然灾害、社会事件可能会造成档案损毁。

（一）档案保管工作的内容

依据档案管理工作实行集中统一管理的原则，保管工作既要实现安全可靠的管理，又要方便有效。要加强档案库房的日常管理，注意改善保管条件和保护环境，最大限度地减少档案材料的损坏，延长档案的寿命，确保其系统性、完整性和安全性。档案保管的基本内容如下。

第一，档案库房的日常管理。档案库房的日常管理包括根据档案的保管数量，正确合理地选择档案保管的设备和配件，按照一定的原则和方法进行档案保管，制定科学可行的库房管理制度，以及日常的借阅工作等。以档案馆为例，作为保存档案资源的主体建筑，应选择远离自然灾害易发地段和危险系数较高的场所，达到交通便利、功能合理和设施完备的要求。档案库方面，面积不小于 6 m²，净高不低于 2.6 m，确保处于独立空间且通风良好。从档案防护的层面而言，其重点涉及温湿度标准、外围结构标准等一系列对档案进行日常保护的规范。防火设计方面，档案馆建设有防火墙、垂直运输档案的电梯和防火门，并按要求配备了灭火设施，馆内设置相应的给水排水系统、通风和空气调节装置及自备电源。我国档案馆建筑均符合国家档案局对其的要求，能在自然灾害发生的同时对档案资源提供良好的保护，将档案损失降到最小。

第二，档案的保护工作。档案的保护工作包括选择条件适宜的库房，选购环境保护设备，对档案保护形成质量监测与建议。

第三，档案的修复工作。这是指对因时间因素或其他原因造成的库藏档案材料的破损，进行及时检查并采取措施予以补救的工作，包括定期检查、及时修复、复制补救等。

（二）档案保管工作的要求

1. 档案库房的选择要求

避开有易燃易爆物品的区域，尽量不要选择靠近街道或人群密集的公共场所。在选择楼层的时候，尽量不要选择顶楼或者一楼。顶楼采光较好，会使夏季室内温度过高，屋顶可能漏雨；一楼有安全隐患，室内潮湿，对档案保存会有很大影响。要满足档案资料保管的要求，合理选择档案柜、卷宗、文件夹等。根据档案数据的特点，在选择配件材料时，尽量不要选择易燃性高的材料，首选金属配件，其次是木质和塑料材质。文件柜有两种，即五节分体文件柜和通体文件柜。需要根据保存文件的具体要求，选择合适的文件柜。

2. 档案保管日常的工作要求

保证档案的真实完整性是保管工作的重要任务之一。档案保管工作主要是对档案资料进行保护，确保档案资料的安全，延长保管时间，方便相关人员对档案资料进行利用。

（三）档案保管工作存在的问题

1. 档案保管的配套硬件设备落后问题

尽管《中华人民共和国档案法》规定对档案的管理应指定专门人员负责，但由于受到资金不足、场地有限等客观条件的限制，有些档案室存在"一室多用"或没有专门的档案室，有的甚至档案盒、档案柜等档案存放设备也不具备，难以满足查阅和利用档案的需求、档案利用率低，档案资源的后续开发和利用滞后。

具体表现在：一是库房面积不足。目前一些档案馆保存档案数量已经饱和，严重影响档案接收进馆，收集工作受到影响，甚至会造成部分重要档案资源缺失。同时面临着档案不能有效提供利用的难题。档案技术用房、业务用房和阅览用房面积不足，造成档案基础业务工作开展不力。二是档案馆库建设不规范，库房防火系统、防盗系统、恒温恒湿空调、除湿机、防磁柜等设施和设备配备不齐全。部分设施和设备陈旧、落后，缺少通风、除湿设备，无法对温度和湿度做到准确监控，不能满足工作需要。库房供电、消防、采暖、给排水等设施老化，无法达到保障档案资料完整和安全的要求。

2. 档案保管的数据安全性存在漏洞

档案数据安全一直以来都是档案管理工作的重要内容，只有档案安全可用，才能有效识别、合理利用档案数据，从而挖掘档案数据的参考、利用价值。大数据时代更加突出了档案安全的重要性。总体而言，档案数据的安全是智慧档案建设和管理优化的重要基础，档案数据安全存在以下两个方面的问题。

（1）关于用户隐私保护

在档案数据的传输、处理、应用过程中，用户的实名制认证隐私数据存在被非法用户及非授权应用访问的风险，导致用户隐私泄露。从档案数据保管的角度来说，档案数据安全保管不仅要保障档案数据载体安全，还要保障档案数据的内容安全。用户隐私数据安全是非常重要的内容。

（2）档案数据访问控制

通过用户鉴权和访问控制避免非法用户和非授权用户对档案数据的访问，是实现档案数据安全的另一方面。在档案数据保管中，只有鉴定档案数据存储环境是否受到病毒污染、网络攻击等，才能识别档案数据是否安全。由于管理者缺乏相应的技术支撑，给很多不安全访问行为提供了可乘之机，带来档案数据权限不清晰的安全问题，存在数据被泄露的风险。

3. 档案管理人员安全意识不强

（1）档案管理人员没有很好的安全意识

部分档案管理人员对档案信息的安全保密不够重视；没有为保管档案的电脑及时更新下载电脑系统的漏洞补丁；没有正确地预防和控制计算机病毒；随意传播档案管理系统和档案库房的密码；随机丢弃记录系统信息的文档；对纸质档案数字化和提供利用档案过程中的档案信息保护缺乏正确的认识和技术手段。而且他们在档案查询利用过程中没有严格的审批，在一定程度上给档案带来了安全问题。此外，档案行业存在"重利用、轻保护"的现象。目前，社会对档案利用的要求越来越高，部分档案馆把档案服务利用放在首位，对档案安全的幕后工作重视不够。部分档案管理人员往往对档案利用工作比较重视，认为领导对档案利用工作比较重视，做好档案利用工作更容易得到认可和重视，而档案保护工作费时费力，不容易出成效，属于幕后工作，做得好不好对工作表现影响不大。这一工作概念对档案保护标准和法规的实施以及保护技术的实施有直接影响。

（2）档案管理人员专业能力不足

新时代的档案工作要求档案管理人员掌握相应的技术手段，包括档案的收集、整理、保存和保护等，及时处理电脑突然关机、硬盘突然崩溃等一些常见的安全问题，具备档案加密能力、定期检查和整理档案的能力。然而，在实际工作中，部分档案管理人员没有参加过标准化的网络安全技能培训，存在专业能力不足的问题，无法在技术层面上提供强有力的安全支持。

4.档案保管自然灾害意识有待提高

近年来，频繁出现的自然灾害引起了档案部门的高度重视，提出了多样性的措施，如责任到人，建立档案安全体系；日常监测和预警，树立档案防范意识；加强宣传和专业培训，树立档案风险意识。在近年出现的各类灾害中，出现了很多奋不顾身抢救档案的身影。众多档案管理人员齐心协力同自然灾害作斗争，力求抢救出更多的档案资料。虽然近年来我国档案管理人员的风险意识和档案保护意识得到增强，但有些低风险地区自然灾害从未发生或发生概率很低，这些地区的档案馆档案保护意识较弱。在档案馆建筑抗灾能力上，有的档案馆不符合建筑标准甚至被鉴定为危房，其并未对档案馆所具有的抗灾能力进行评析。除此之外，从档案装具选取的方面而言，应对档案装具的保护性标准展开分析，如果只提升档案馆的外观，那么其无法发挥有效的保护作用，反而加重了档案的破坏程度；从防震减灾教育方面而言，部分档案馆并未建立科学的管理制度，只是敷衍领导的要求，或以经费、人手不足为借口不进行防灾教育，导致自然灾害发生时人员配置混乱，档案无法及时得到抢救；从应急准备的层面而言，某些档案馆灾害预防准备不足，导致应急预案无法实施等问题的产生。档案部门是直接管理档案和进行提供利用的机构，肩负着非常重要的任务。只有在日常工作中将保护档案安全变成档案管理人员的本能行为，才能经受住自然灾害的严峻考验。

5.档案保管应急预案缺乏针对性

应急预案是面对突发情况的行动指南，是及时有效地处理突发事件的前提和基础，是档案部门提出和落实有效抢救措施的根本保障。应急预案的制定有利于规范档案部门应急管理工作、落实责任到人；有利于识别灾害，形成日常监测系统。有些档案馆虽已制定应急预案，但并未将本馆实际情况考虑其中，多流于形式，多数应急预案除了负责人姓名和联系方式外，都没有实质性的预案措施，缺乏针对性和有效性。应急预案应包括危机情况、具体措施、人员组成及联系方式、协调机构、抢救顺序、供水供电重要位置和注意事项等具体安排。有的档案馆制定的应急预案属于综合性的，并没有针对档案馆所处地理位置的不同和自然灾害的特殊性编制相应的应急措施，从而造成在灾害出现之后难以进行高效的救援。应急预案制定后，需要每半年或一年开展一次应急演练工作，以此发现应急预案的不足之处和与实际情况不符的措施，对应急预案进行及时的调整和完善。但是，较多档案馆只进行了应急预案的制定工作，没有进行后续的应急演练工作，使档案馆难以对预案展开科学的判断，严重影响灾害发生后的抢救行动。在行动上，应急演练的缺失导致档案管理人员协作性下降，面对突发情况时难以完成协作任务，这不但大幅度降低了相关工作人员的工作效率，同时也使损失进一步扩大。

虽然"突击式、运动式"的档案安全管理能够在短期内迅速改善档案安全管理的基础设施、基本条件等外部环境，纠正存在的一些不安全行为，但是无助于实现档案的长久安全。当今世界是不同社会制度、思想体系和价值观念并存的世界，各种文化碰撞交融，各种思潮相互激荡。处在档案安全管理一线的档案保管单位及其工作人员不断受到各种社会因素的冲击和影响，价值取向多元化、个性多样化、行为潮流化的趋势日益明显。仅靠单纯的说教、严格的管理、先进的技术手段并不能从根本上提高对档案安全管理的重视程度。

二、档案保管工作的优化策略

（一）建立档案保管安全规章制度

做好档案安全管理的重要前提是建立档案保管安全规章制度。制度是否健全，是否具备较强的可操作性、是否科学合理，关系到档案安全管理的效果。各档案馆需要结合工作实际，制定各项档案安全保管制度，提出档案安全保管和保密的具体要求和措施，涵盖基建档案、文件档案、照片档案等类别，包括档案收集整理、仓库管理、档案利用、档案统计分析等。档案安全规章制度主要有档案库房管理制度、档案查询利用规定、档案安全保密制度、档案开放实施细则、移动存储设备保密管理制度、值班制度、档案归档制度、档案数字化处理制度、档案销毁制度、网站信息审核制度等。总体来看，大部分制度制定较早，后期修改补充较少，纸质档案管理制度较多，电子档案管理制度较少。

（二）加强对档案管理人员的档案安全知识和技能教育

加强对档案管理人员的档案安全知识和技能教育，提高档案管理人员对传统纸质档案的破损档案修复能力。对于电子档案，要加强档案管理人员的信息安全保密知识和技能的培训，培养既熟悉档案管理又具备计算机使用技术知识的"复合型"人才。通过培训和教育，档案管理人员能够熟练运用先进的计算机技术和安全认证技术，防止非法用户入侵档案管理系统，恶意破坏档案信息。要提高档案管理人员的专业能力，加强在职培训和继续教育，开辟网上指导、网上教学等多种远程服务渠道，举办各种不同层次的档案管理人员培训和讲座，不断优化档案教育培训的内容和形式，突出档案的实际操作。遇有软件更新和新技术的应用，应及时对档案管理人员进行技术培训，使其及时掌握新的内容，熟练使用计算机进行档案管理。要培养一批有重点、有方向的高端档案人才和学术带头人，建立档案专家库，与具有高级职称或档案工作经验丰富的档案管理人员联合开展档案研究，推动人才队伍建设。要严格选拔和使用档案管理人员，注重优秀人才的引进，尽快培养适应档案信息化需要的复合型人才。

对离岗人员进行严格管理。档案管理岗位人员调动时，应严格管理档案，认真履行交接手续，立即收回库房钥匙进行交接。双方应密切配合交接工作，离岗人员应说明档案检索工具数量、保存地点及其他有关重大事项，列出交接清单，办理好交接手续。对于移交电子档案的管理人员，其离职后应立即修改档案管理系统的登录名和密码，确保其不再拥有查阅和使用档案的权利，并确保其在离职后一段时间内仍将承担档案保密的责任。

（三）改善档案保管内部设施设备的条件

在档案馆（室）具备外部环境条件的情况下，还应不断改善档案保管内部设施设备的条件，使档案保管内部设施设备条件能够适应档案安全管理的要求。具体来讲，需要满足以下五个条件。

第一，保障档案工作环境的温湿度。档案馆（室）要使用专业的检测设备，采用测试点布点的方法，根据档案室的面积大小，在空调等主要设备都开启的情况下，测试其平均温湿度是否满足规范要求。

第二，保管设施设备。档案保管场所应配置保管设施设备。按照有关规范和标准，保存档案应采用符合要求的档案柜架，特别重要的档案应设置特藏室；为了调节和控制温湿度，应配备或安装机械通风或空调设备，加湿、除湿设备；应配备火灾自动报警设施、火灾自动灭火系统等消防设施设备；特殊载体档案库房的温湿度控制、防磁措施、防震措施应符合档案载体安全保管的要求。

第三，确保防静电装置的有效性。在档案馆（室）内，应采取适当的安装方式，在地面上铺上铜箔线，并确保铜箔导线压在地面上。为了防止机柜的静电，必须确保在机柜上有一根接地导线连接到总等电位箱。地面防静铜箔线和机柜接地导线，均须归入机房总等电位箱。另外，地板的漏电电阻、等位联通性、空气洁净度也要定时检测。

第四，监控设施设备。在档案库房、阅览室、展览厅、计算机房等重要业务工作区域，设备间等重要设施区域，馆区电梯或出入口、楼道、馆区周边等部位应安装有监控探头，无监控盲区和死角，监控视频图像资料保存期不少于三个月；在档案馆（室）重要出入口、档案库房出入口、其他重要场所出入口等区域安装门禁系统；档案馆（室）设置电子巡查系统，以监督安全保卫人员是否在规定时间、按照规定的路线，对规定的巡查位置进行了安全检查；设置入侵报警等安防系统，条件具备时，可与当地治安、消防部门建立联动机制，确保入侵报警后能及时处置。

第五，防火设备。档案馆（室）拥有大量的纸质文件，档案部门要拥有强烈的防火意识和完备的防火设备。如巴黎圣母院的大火事件为档案工作敲响了警钟，即使是在科学技术飞速发展，各种防护措施完善的情况下，火灾的危害足以对档案工作造成毁灭性的伤害。因此，档案馆（室）对于应对火灾，应该时刻保持高度警觉，严格执行档案馆（室）对于火灾预防的工作，对防火设备要定期检查是否需要更换，在突发火灾的时候做到有备无患。

（四）完善档案安全监管制度

进行安全检查是督促各部门和档案管理人员做好安全工作，重视安全工作的重要措施。因此，档案管理部门应完善档案安全监管制度，开展定期和不定期的安全检查，加大隐患整改的力度、广度。档案安全检查的范围应全面、彻底。一是要检查档案基础设施建设，包括档案库房的检查和安全设施设备的定期检查和维护；二是检查原始档案的保护情况，包括珍贵的原始档案是否已经封存，损坏的档案是否已经抢救，纸质档案数字化处理后对原始档案的保护情况；三是对电子档案载体和信息内容的保护是否有力；四是档案安全备份存储是否及时、完整；五是严格控制档案的开放利用，必要时组织档案保护专家对保护成果进行鉴定验收。

（五）建立档案安全风险管理机制

目前，许多行业在管理中采用风险管理方法。在档案工作中，也存在很多档案安全的潜在风险。如果能够及时识别和控制这些风险，档案安全事故发生的概率就会大大降低。因此，建立档案安全风险管理机制并及时防范，可以提高档案保管工作的效率和效果。档案风险管理是识别、控制并消除档案安全风险的过程。风险评估是运用科学的评估方法和工作来界定档案的风险等级。具体包括以下三个方面：一是确认档案的价值。划定受保护档案的范围，确认其价值，并根据档案的价值划分不同的重要程度。二是识别和评估档案风险的威胁因素。根据档案的存储环境、设施设备的运行和使用、档案管理流程等，识别和分析可能威胁档

91

案的因素，分析其原因，评估可能威胁的概率。三是对已有档案安全设备设施进行确认。明确现有的档案存储环境和存储措施，掌握现有的安全设备设施数量。四是确定文件安全风险的大小和级别。使用适当的风险度量工具，采用定性和定量的方法，确定风险的大小和水平，制定度量清单，并由此确定适当的风险控制方法。风险控制是指在风险评估的基础上，各档案保管部门采取相应的保护措施，最大限度地降低或避免风险，减少对档案安全的危害或影响。进行风险控制后，档案部门需要总结风险计划的实施效果和风险控制的规律，完成风险报告。

（六）实现档案保管数据规范化管理

大数据时代，档案数据管理不能停留在传统的管理方式上，要结合时代特征，探索有效的档案数据管理方式。对围绕业务活动形成的公共档案数据，实施规范化管理，有效发挥数据的价值。

1. 转变档案保管方式

档案广泛来源于各个组织的业务活动，随着档案数据的实时更新，需要转变传统的档案管理方式，进行档案数据实时管理。档案管理人员要转变传统的档案管理方式，结合公共档案数据的特点，实时管理档案数据，实现档案数据促进业务科学决策的价值目标。档案保管实践工作要与时俱进，结合发展环境和行业特征，开展规范化的档案管理工作。由于档案呈现来源数据化、管理数字化、存储保管复杂化、利用知识化的数据特征，要想更好地实现档案事业的转型升级，符合时代发展的要求，就要从根本上提高利用、管理和处理的效率，转变其保管方式。对各业务系统中产生的档案数据，要求档案管理人员转变长期以来形成的对传统档案管理的方式，实现档案数据的实时规范化管理。

2. 优化档案数据管理流程

档案数据保管是一项复杂的系统工程，要实现档案数据规范化管理，就必须从各个环节和各个层面上完善保管工作。档案部门要根据业务特点，制订包含数据采集、数据处理、数据存储、数据加工等要素的档案数据保管方案；要能够借助新一代信息技术的应用，结合档案数据保管方案，对实时形成的档案数据鉴定、处理、组织、加工，从而落实档案数据管理方案的目标。

除此之外，要实现其管理流程的优化，还要在档案数据保管宏观、中观、微观等各个层面上实现各部门协调配合，只有在宏观、中观、微观各个层面上优化档案数据保管行为和管理流程，才能实现新时代档案数据保管的价值目标，为档案数据利用奠定良好的管理基础。

（七）加强档案保管实体和信息安全保障

1.加强档案保管实体安全保障

要坚持把档案安全摆在档案工作头等重要位置，利用现有档案室档案安全的基本条件和应急、灾备机制比较完善的优势，全面、持续地落实人防、物防、技防"三位一体"的安全防范体系，不断完善落实档案库房安全管理有关制度，加强对档案库房的安全管理、应急管理和检查。

2.加强档案信息安全保障

一是严格执行国家保密制度，完善档案信息公开发布保密审查程序，加强对涉密信息系统、涉密计算机和涉密载体的管理，强化涉密人员的保密意识。

二是加强电子档案的安全保护，注意对原始信息的收集和保护，及时存储和备份支持档案的软硬件环境，并对重要的电子档案进行归档。有效实施异地异质备份，如果有多组文件或归档副本，确保异地存放至少一套，以防重大灾害或事故对档案造成毁灭性损失。

三是建立健全安全应急体系，建立完善的档案数据安全管理和应急处置制度，开展演练，提高应对突发事件的应急指挥和处置能力。规范网络和应用系统的安全管理，共同推动档案信息化，保障档案信息安全，必须对档案系统软件进行安全保护；要快速将那些需要长久保管以及维护归档的电子档案，输出为纸质档案作常规保存，继续延续传统文件的原创性、法规性和权威性，保障安全、高效、可信。

（八）落实全面的防灾准备

在自然灾害发生前做好预防工作，建立完备的防御系统，大大降低灾害所造成的损失。我国档案灾害预防工作还应在以下四个方面进行完善。

首先，针对灾害特点和档案馆的实际情况制定合理的应急预案，并定期进行应急演练。我国大多数档案馆都制定了应急预案，但应急预案的内容基本相同，没有针对本馆情况进行修改和删减，缺乏应急预案的针对性。应急措施的制定既要考虑自然灾害不同的特点，又要考虑档案馆的人员情况和建筑情况；既要有全面的综合性预案，又要有应对某一自然灾害的专门性预案，具体情况具体分析。同时，要定期进行应急演练，将应急演练常态化。应急演练可以使档案工作人员熟悉档案灾害应急预案的设置和流程，安全操作应急设备，培养工作人员的应急能力。

其次，从档案馆工程建设的层面而言，应进一步完善其灾害防御体系。档案馆自然灾害预防能力的提高可以从选址、规划和档案装具方面进行，落实科学选址、综合规划和选择保护性强的档案装具。相关规范对档案馆选址提出了非常严格的标准，应该最大化地规避地质情况不够理想的区域，档案馆选址科学与否直接关系档案安全。针对地质情况相对较差的档案馆，要进行档案馆内部科学规划，并及时进行加固和翻新。档案装具是档案最为重要的防线。在对其进行选取的过程中应考虑耐用性和保护有效性。

再次，馆藏优化和分级管理。随着社会发展，馆藏档案数量逐渐增多，给档案工作人员带来了巨大的挑战。面对数量庞大的档案资源，应该根据档案的价值进行筛选，对于无价值档案要及时进行清除，对于价值较高的档案应加强管理，确保有价值的档案资源安全。根据档案的价值高低进行分级，并依次进行标注，确保在灾害中优先抢救和保护重要档案。

最后，落实档案异地异质保管工作。档案异地异质备份管理是档案自然灾害预防措施的主要方法之一，是提高档案馆容灾能力的关键举措，能够避免灾害。

（九）构建自上而下的政府引导机制

目前，在实际的数字档案馆建设进程中，数字档案保管模式的探索普遍呈现出较强的自发性与随意性，且缺少集中统一的长效化发展规划及管控，不利于我国数字档案资源整体管控及发展的体系化和规范化。首先，从地方政府层面讲，如果想更好地推动数字档案保管模式的创新及发展，必须构建自上而下的政府引导机制。将数字档案馆建设纳入信息化建设的总体规划中，探索适合实施数字档案管理建设的可行性研究报告，确定数字档案分布式保管与集中式保管的具体范畴。严格按照国家、省、市档案部门信息化标准要求，加快推动档案基础业务建设的提质增效，以促进档案事业的转型升级和高质量发展。其次，在政府主管部门的引导下，档案馆需要构建专门的数字档案管理机制，选派高学历、高素质的专业档案管理人员全面负责数字档案模式创新优化的全部事宜，同时在严格遵循相关的法律法规及规章政策的基础上，与有保密资质的数字化专业公司通力合作，构建专业的计算机数字化系统，通过建立多保管场景下的档案资源互联机制，实现对各种档案信息的集成化、精细化管理。最后，应建立部门联动机制。在成立各部门单位档案领导小组的基础上，定期组织相关部门召开档案工作会议，认真落实数字中国建设重大战略部署，定期协调相关工作，有序推进各级档案馆的数字档案归档及管理工作，进而为数字档案保管模式发展奠定坚实的基础。

（十）加强电子档案保护技术

随着信息时代的到来，电子文档的数量与日俱增。档案信息化在使档案工作快速高效的同时，也给档案管理带来了新的安全隐患。信息被盗、信息丢失、信息混乱、信息失控、人为破坏、病毒入侵，现存的信息隐患已成为电子文件管理中亟待解决的重要问题。与传统的纸质档案相比，电子档案的安全保管更具挑战性。这是因为数字信息不稳定，内容更容易被修改和泄露。同时，电子文件的安全性很大程度上取决于其现有的系统和存储载体。传统档案安全管理的许多方法不适用于电子档案，电子档案的安全管理需要先进的计算机保护技术。实现电子档案的安全和完整，并能长期读取和利用，是信息时代档案部门的重要任务。目前电子档案的载体多为磁介质、光盘和U盘。由于磁介质和光盘的材料容易丢失，使用寿命短，电子档案多以硬盘和U盘保存。在电子档案的安全管理中，主要关注信息内容、软件和网络的安全。

1. 保护电子档案信息安全的技术

电子档案的信息安全包括信息的真实性、完整性和保密性。真实性是指保证电子档案的信息内容真实有效，没有被恶意篡改。完整性是指保证电子档案信息的元数据和内容没有缺陷。保密性是指保证电子档案信息的安全和保密，只有授权用户才能访问，非授权用户无法访问。目前，保护电子档案信息安全常用的技术主要有数据加密、数字水印、数字时间印章、访问控制和身份认证等。其中，数据加密方式是指将未加密的文件数据按照一定的加密方式进行处理，以保证电子档案内容不被泄露。数字水印方法是指隐藏制作者的标记（如印章、图案等）。在电子档案中，复制的电子档案没有相关标识。为了保证电子档案信息的唯一属性，采用数字时间印章的方法，保证电子档案信息的真实性和原始性不被破坏。如果电子档案在归档后被修改或删除，该档案在其最初形成时间不能被改变。档案馆的电子档案大多是由纸质档案数字化处理而来，而不是由办公自动化系统生成的电子档案直接转存而来。访问控制和身份认证主要用于电子档案信息保护技术，即在登录文件管理系统时设置权限，只有指定的人员才能查看电子档案的内容和进行相关操作，以保证档案信息不会被越权和非法访问。这种技术比较简单，但是安全性比较低。一旦管理者的登录名和密码泄露，就会存在电子档案被泄露、删除、篡改等风险。

2. 保障网络安全的技术

电子档案的形成、管理、保存、流通和利用需要在计算机和网络系统中完成。没有计算机和网络系统，电子档案将失去价值。因此，电子档案的安全性与计算机和网络系统的稳定性和安全性密切相关。电子档案的网络安全是指电子档案网络的系统设计规范合理，能够正常运行，网络人员按照规范操作，严格管理，保证网络系统的正常运行。保障网络安全的技术主要包括防火墙技术、网络安全监控技术和病毒防范技术。档案馆应配备网络安全员，负责定期检测网络运行，清除电脑病毒，修复系统漏洞。

3. 保证电子档案管理系统安全的技术

为了保证文件系统的安全，档案馆采取的技术包括在机要机房等涉密场所设置信息屏蔽设施，将涉密计算机与非涉密计算机进行物理隔离，将档案管控平台系统与互联网和办公进行物理隔离。文件系统专用电脑严禁使用外来移动 U 盘和硬盘，并定期查杀病毒和木马，防止感染病毒。

第五章　档案统计与检索工作的优化

　　档案统计工作就是利用统计手段收集、整理、汇总相关数据，并加以分析研究，以达到准确、及时和科学地掌握档案管理的基本情况。档案统计是领导决策、监督检查的重要依据，能促进对档案管理工作实行的科学管理。档案检索工作是按照同样的检索语言及组配原则分析档案信息，形成检索提问的标志，根据存储所提供的检索途径，从档案信息集合中查找与检索提问标志相符的档案信息特征标志的过程。要积极采取优化措施进一步优化档案统计与检索工作，更好地发挥档案信息价值，为档案检索者提供更便捷、更全面、更高效的服务。档案统计与档案检索工作在档案管理中具有举足轻重的作用。本章围绕档案统计工作的优化、档案检索工作的优化两方面展开。

第一节　档案统计工作的优化

一、档案统计工作概述

　　档案统计的基本任务是经常、及时地对档案工作的规模、水平、普遍程度、结构、速度、比例关系和档案形成规律，以及在一定地点、时间、条件下实际作用的数量表现进行统计调查、统计整理和统计分析，为制定档案工作方针、进行决策、计划和检查工作以及总结经验教训提供数据；并为反映档案事业发展的速度和状况，向国家提供丰富而又准确的统计资料，实行统计监督。档案工作基本情况统计报表是档案统计的一种方法，除此之外，还有专题普查、抽样调查、重点调查和典型调查等多种方法。应该根据需要，把这些方法结合起来运用。档案统计工作的要求是准确性、及时性和科学性。

　　档案统计功能支持档案管理员对各种档案数据进行统计，通过统计功能可以了解系统中档案存储数量、档案调阅情况和档案外借情况等信息。通过档案统计功能可以科学分析档案管理工作的特点和基本规律，为档案管理员提供科学的管理方法，提高档案管理工作效率，降低档案管理工作成本。

档案统计工作分为三个步骤：选定档案统计指标、进行档案统计调查、档案统计资料的整理与分析。

①统计指标的确立是进行档案统计的基础。档案统计是用数字的形式来描述档案工作中的现象、状态、水平、进程以及它的发展程度。档案统计有固定指标，然而实际工作中并非需要对档案工作的每一项内容都进行统计，也不是档案工作中的任何数量表现都有必要制定相应的统计指标。

②档案统计调查的基本任务在于取得大量的、原始单位的真实材料。它的基本形式有统计报表和专门调查等形式。

③对于档案统计调查中获得的资料要进行整理和分析。对档案统计资料进行统计分组，归纳整理，其结果表现在统计表中。统计分组是档案统计中的一个重要方法。通过分组把档案工作中的各种现象分出不同类型的组，提高对档案工作总体构成与现象之间的相互关系的认识。档案统计分析通过对调查获得的大量的经过整理的资料进行分析、研究，发现和总结出带有典型性的经验教训，进一步提高科学管理档案的水平。

二、档案统计工作的优化策略

充分发挥档案统计的作用，在档案管理工作中引入优化统计方法和技术，用数据和表格形式来体现档案统计工作的现状和发展趋势；利用数据显示的规律，对档案管理中出现的问题采取有效的补救措施，进行优化管理；合理规划档案管理工作，创新现有的管理程序；进行数据对比，优选最科学合理的人力、物力、财力配置。

（一）建立健全档案统计工作管理制度

制度是工作落实的重要保证，科学的工作方法和健全的工作制度是工作顺利开展的保障。档案统计工作必须建立《档案统计制度》《档案报表制度》《档案统计流程》《档案统计职责》等管理制度，在制度当中列明任务、要求、与绩效挂钩，提高管理人员的认识，有奖有罚，提高工作效率。

档案统计工作从日常的登记表出发，制表要求表格指标体系完整、分类正确、数据准确；档案统计工作要有制度制约、操作规范、统计计算和数据传输引入现代化技术，这样才能保证统计工作顺利地开展。档案工作是一项长期的服务性工作，管理员面对的是一项从收集到利用环节的周而复始的工作，只有通过记录才能体现工作量和工作进度，随时掌握各档案馆中所存档案全宗的基本情况。档案统计工作由分管的档案人员负责，及时登记，定期分析，及时掌握工作量的变化情况和未来工作的发展趋势。

（二）优化档案统计工作的可视化设计

一图胜过千言万语，数据可视化技术可有效提升数据应用效率。它利用人的感官对数据的交互来实现数据的可视化表达，以直观展示数据。数据可视化技术将晦涩难懂的原始数据与图形结合起来，对原始数据进行有效整合，促进了数据的应用和信息的传递。根据数据类型和性质的不同，数据可视化分为统计数据可视化、关系数据可视化和地理空间数据可视化。统计数据可视化用于对统计数据进行展示和分析；关系数据可视化表现为节点和边的关系，如力导向图、网络图等；地理空间数据可视化通常指代人类生活空间，地理空间数据描述了一个真实存在的对象物理空间中的位置。

数据可视化技术应用非常广泛，主要有数据挖掘可视化、网络数据可视化、社交可视化、交通可视化、文本可视化等。数据可视化技术可分为科学可视化技术、信息可视化技术以及知识可视化技术三类，其中信息可视化技术发展最为迅速。信息可视化技术可以分为一维数据、二维数据、三维及多维数据、时态数据、层次数据和网络数据等六种。

利用可视化图表进行档案统计，可在最短时间内获取档案整体统计信息，在一个屏幕中展示所有统计信息，如档案接收情况、销毁情况、馆藏档案类型占比、档案利用情况、档案区域统计等，可及时掌握档案动态信息。

档案资源数据可视化系统主要的使用对象为档案馆工作人员。系统将功能分为档案数据导入与处理模块、档案查询可视化模块、档案统计数据可视化模块进行规划设计。档案数据导入与处理模块主要是将档案元数据和档案全文数据导入系统中，然后进行处理，包括档案元数据的阈值缺值和去重复值处理、档案文本关键词抽取处理。档案查询可视化模块由档案查询结果关系展示与档案关键词词云展示构成，档案查询结果关系展示将检索出的档案以一种关系图的形式展示出来，关系图可以明显地找出档案查询结果集中各档案之间的区别，方便找出需要的档案；档案关键词词云展示首先将档案文本进行关键词抽取，将抽取的关键词以词云的方式进行展示，在未知档案内容的前提下，通过关键词词云得知是否为需要的档案。

档案统计数据可视化主要是对档案元数据中的统计指标进行统计展示，涉及档案收进与销毁、馆藏档案类型分布、地域档案数量、档案利用情况的图表展示。在可视化表达方式上主要根据统计指标需求进行选择，如档案收进与销毁主要关心的是不同时间的数量变化，即趋势，用折线图表达更有优势；馆藏档案类型分布主要关心的是馆藏中各个类型档案的数量比重，用饼图能更直接地表达占比；地域档案数量关心的是地方档案的总体数量和位置，用地图展示更能表达地理与数量的关系；档案利用情况关心的是利用方式和利用目的数量的变化，用柱状图更能表达这种变化需要。

将档案元数据条目经数据导入、处理后存储于系统数据库中，在统计数据可视化展示页中将档案统计指标进行数值计算统计后传递给前端页面，并渲染出统计图表，最终展示给用户。该模块解决的主要问题是根据实际需要选择恰当的数据可视化方式进行数据展示。

（三）优化档案统计工作的大数据应用

"互联网＋"时代，对于广域网或局域网内海量档案数据资源的处理，往往存在着档案数据类型庞杂、价值密度低、处理速度慢等问题。对于档案管理通常借助网络云服务器、存储器、后台数据库等硬件设备设施以及大数据挖掘技术、分布式计算技术和 HDFS 存储技术，开展多种档案信息资源的搜集、挖掘、统计分析、录入与存储，并将存储至数据库的档案信息，发送至网络用户的终端设备设施上进行显示，实现海量档案资源的实时采集、分布式处理、整合存储。为了更好地发挥出大数据在档案统计过程中所具有的价值，从以下几方面进行优化。

第一，创新档案统计工作管理理念。档案统计工作的优化要进一步转变传统的档案统计工作思维和理念，注重以信息技术载体为媒介的档案统计工作思维的应用。档案统计工作的管理人员以及相关人员要从思想层面、观念层面转变档案统计理念，提高档案统计工作的效率，满足新时期档案工作的精准性的要求。在档案统计工作的优化过程中，理念创新不是一蹴而就的事情，需要档案管理人员和工作人员在具体的档案统计工作中不断补充和提高，也需要档案管理部门进行创新理念的宣传，让更多的档案从业人员深刻地认识到大数据自身所具有的价值与作用，从而形成较为有利的大数据平台发展的氛围。

第二，完善档案统计中的大数据应用平台。在优化大数据档案统计工作中，要紧紧围绕大数据的稳定性能和应用平台展开具体的实施，使得大数据档案统计工作在具体的运用中得到优化。在今后的档案统计优化和发展过程当中，还应该围绕大数据平台应用的建设，在相应的保障体系、科研开发以及必要的跟进方面进行提升。只有这样，才能更好地发挥大数据自身所具有的优势，提高档案统计的整体效率。在进行大数据应用平台的建设过程当中，不仅需要在现有的基础上进行相应的硬件以及软件层面的建设，还应该在必要的大数据应用的相关制度以及必要的管理框架等方面进行系统的推进。围绕档案统计中的质量以及大数据应用平台的建设等方面进行全过程管理，从而实现预定的档案统计的相关目标。①档案信息的自动搜集、预处理功能。依托大数据档案信息管理平台、地方网络档案数据中心以及自动扫描仪、后台服务器、数据库等软硬件设施，开展档案文本、图像、音频、动画、视频、超媒体链接的档案搜集，由扫描仪对海量的纸质档案进行快速扫描、冗余噪声处理，以实现对档案信息资源统计的数据输入控制。在档案数据信息预处理方面，主要依托 HDFS 分布式文件处理、文件存储框架，开展不同类别档案的数据处理、业务逻辑执行，包含数据清洗、集成、筛选与变换等流程，将复杂的非结构化档案数据，转换为单一的、可供处理的结构化数据。②档案信息的统计分析与整合功能。基于大数据应用程序，在大数据云服务平台上虚拟出虚拟机、服务器、存储器、数据库、I/O 接口等软硬件设备，并利用虚拟化硬件的名称节点、数据节点，进行不同类型档案数据信息的统计分析、加工处理与整合。之后将本地的档案信息资源、更新日志实时传送至后台数据库，并依托网络通信技术、TCP/IP 协议，形成外部用户、数据库之间的数据交互，在Web 网页交互端口做出档案统计与存储的结果显示。

第三，提升档案统计人员的综合素养。在大数据档案统计工作的优化中，要不断提高档案统计人员的数据媒体素养，体现大数据在档案统计工作中的价值和意义，从源头上解决大数据档案统计工作的人员问题，搭建良好的大数据学习平台，更好地发挥大数据在档案统计工作中的应用。一方面，应该从源头上把关，在进行档案统计人员录用时，不仅需要考虑其专业技能，还需要考虑其数据应用能力；另一方面，还应该积极搭建良好的学习平台，为档案统计中与大数据平台应用相关的知识学习提供必要的环境。

第四，完善大数据应用保障体系。大数据应用于档案统计工作，就要紧紧围绕大数据的产生、利用和相关技术进一步完善档案统计工作的文化制度和相关的工作机制，要充分了解大数据自身的优势，更重要的是了解大数据与档案统计工作的相关性，通过优势互补来整合相关资源，促进大数据与档案统计相得益彰，实现更好的效果。在完善大数据应用保障体系的过程中，还应该围绕保障体系的发展过程以及保障体系的作用发挥进行文化层面的建设。只有这样才能更好地促进大数据综合作用的体现。在进行保障体系的优化与发展的过程中，还应该在档案统计的数据保障、制度保障的常态化建设等方面下更大的力度，借助较为成熟的保障体系来实现更高的档案统计的管理与发展目标。

在信息化时代，必定要应用大数据技术提升档案管理水平，从而更好地优化档案统计工作。

第二节　档案检索工作的优化

一、档案检索概述

档案检索是对保管的档案进行内容的著录和标引，并根据利用者的需求查找档案的工作。它是开展档案信息服务的必要条件，是开发档案信息资源的重要手段，在档案管理过程中起着承上启下的作用。

档案检索有广义与狭义之分。狭义的档案检索是指利用各种检索工具，从各种角度查找利用者所需档案的过程。广义的档案检索则是指存储档案信息线索和利用检索工具查检所需档案的全部过程。在本节中，主要基于广义档案检索展开研究。

（一）档案信息存储

档案信息存储阶段通过著录标引，编制检索目录（包括手工检索目录和机读目录），建立检索工具体系或机读数据库。

1. 档案著录

档案著录是档案工作中的一个重要环节。传统意义上，它是一种编制检索工具的工作，目的是能够对档案资源进行有效查询。档案著录是对档案内容和形式特征等进行分析、选择和记录的过程。随着档案环境、技术条件和社会需求等的变化，档案著录无论是在深度还是广度上都有所延伸。《国际标准——档案著录规则（总则）》中将档案著录概念界定为"通过捕获、核对、分析和组织有助于确认档案及说明其上下文和产生该档案的文件系统的各种信息这一过程，形成对所描述单位及其构成部分的准确表述"。档案著录在著录对象、著录目的和著录范围等方面发生了变化，开始强调档案著录的连续性、过程性和全面性。

档案著录是揭示档案内容的一项管理活动，是开展信息交流的基础性工作。档案著录标准则是档案著录的一种工具，是指导著录工作实施的一种规范，其标准化的构建是实现档案资源共享的前提，也有利于推动著录工作的智能化和档案著录功能的发挥，在实现信息高效检索以及知识发现与深度挖掘等方面具有重要价值。2021年4月1日国家档案局办公室发布了关于档案著录规则的征求意见稿，所以档案领域更应该积极探索改进档案著录标准，完善档案著录工作的各项内容。上下文记录档案著录标准的出现，为我国档案著录标准的发展与完善指明了方向，为将我国档案信息资源与国际档案信息资源的互联互通提供了契机。

编制检索工具一般经过两个步骤。第一步是档案著录，遵循著录规则，将文件或案卷内容和形式特征目录形成一个个条目；第二步是组织目录，就是把许多条目按照一定的方法组织成一个有机体系，形成档案检索工具。

随着档案自动化不断发展，档案著录对著录标准的需求慢慢凸显。在档案工作引入计算机后，档案人员除了利用计算机进行档案材料的存储与处理，也用于检索工具的编制工作，而这与档案著录密切相关。档案著录作为档案工作中的重要一环，其工作质量对后续档案利用的效果影响极大，合理科学的目录与索引编制能够极大提升检索与管理的效率。

2.档案标引

档案标引是指在档案著录中对文件或案卷的内容进行分析、选择，并赋予其规范化检索标识的过程。档案标识包括分类指引和主题指引两种类型。

①档案分类标引，就是给文件或者案卷一个分类号，作为组织档案分类目录和索引的依据。分类号的号码，要求简单明了，易认易记，易于排列和检索。号码能收缩和扩张，适应分类表中类目的增减，类目压缩时能收缩，类目增加时能扩张。号码应具有逻辑性，利用人们熟知的阿拉伯数字或字母的自然顺序表示类目的次序、位置及相互之间的关系。

②档案主题标引，就是通过对文件或案卷内容的主题分析，从主题词表中选择相应的主题词来标志其内容主题，存储在检索工具中，作为检索的依据。

（二）档案信息查验

档案信息查检阶段首先要编制检索策略。即对档案利用者的检索要求进行分析，确定提问主题，形成概念，并借助检索语言把这些概念转换成规范化的检索标识。在计算机检索中，还应按照实际需求，把这些检索标识之间的逻辑关系表达出来，形成检索表达式。其次，查检所需档案。即检索人员采用各种检索手段，把表示利用者需求的检索标识或检索表达式与存储在检索工具体系或数据库中的检索进行相符性比较，将符合利用者需求的条目查找出来。在手工检索中，相符性比较是由人工进行的，在机检过程中由计算机来完成。

二、档案检索工作的优化策略

（一）满足档案检索学科的应用需求

1. 规范学科名称

鉴于学科名称的重要性，规范档案检索学科的名称迫在眉睫。其一，突出自身的研究特色。引入文献学、信息组织及图书馆的相关基本理论和研究方法，服务于档案检索学科的进步与发展。从学科需求的视角出发，以服务自我、完善自我、提升自我为目标，突出自身特色，实现巨大的跨越。其二，明确自身研究的出发点。作为一门年轻横断的学科，档案检索学科更应该始终牢记档案检索自身的出发点，明晰自身研究的逻辑起点，以档案储存与检索为研究基点，不断丰富与完善学科发展体系。其三，加快立法步伐。俗话说，无规矩不成方圆，我国立法部门更应认真履行职责，以目前的研究成果为依据，从现实需求出发，根据今后的发展方向与大致脉络，果断地做出明文规定，以法律为准绳，鞭策广大研究者及公众。只有这样，才可以使档案检索学科做到有法可依，为该学科指明大体方向。

2. 建立合作机制

档案检索学科的研究活动与其他学科一样，只凭借一个或几个人是不能将本学科发展好的，因此，要建立配套的合作机制，具体如下。

高校、档案馆（室）、企事业单位开展合作：高校可以跨学院、跨专业申报研究课题，充分利用各个研究者的经验；档案馆（室）同样可以将理论与实践研究深入结合起来，更好地服务于社会实践；企事业单位可以从专利商标的角度入手，广泛挖掘、合理开发，促进档案检索学科研究队伍内部取长补短，优势资源高效利用。通过整合各部门、各系统的力量，促进档案检索学科合作氛围的营造，推动该学科进一步发展壮大。

3. 强化学科交融

由于档案检索学科具有较强的综合性、交叉性，其研究对象具有高度的开放性。随着信息技术在档案检索工作中的应用，档案信息利用范围的急剧扩大和用户需求的变化以及学科融合的趋势的增强，学科交融势在必行，应充分予以重视，具体做法如下。

就研究方法而言，强化计算机类、管理类和档案类学科方法的引用是很必要的。它们作为检索学科的相关学科，研究的一般方法都是相通的，如可以借鉴计算机科学以为档案检索技术的研究服务，借鉴心理学以为用户检索心理的研究服务，借鉴哲学以为档案检索方法论研究服务。此外，数理统计中的定量研究、描述分析中的质性研究方法，以系统论为中心的新三论亦可提供不同程度的参考法则。

就研究内容而言，档案检索同样可以进行学科互融。与信息学、心理学及情报学相结合开展研究，不断吸收和借鉴管理学、信息用户学、情报语言学、信息组织、信息检索、目录学、计算机科学、信息学、人工智能等各个细化学科理论方面的精华之处，合理继承与发展，以达到扩大自身影响力的目的，只有这样，才能使该学科不断发展。

4. 均衡研究内容

兼顾理论与实践研究，研究人员应该夯实理论基础，从中寻找灵感，找到突破口，时刻准备着开展理论研究，日常工作中细心观察深入探究该学科出现的许多新问题，将其引入作为研究内容，不断调整以符合时代发展的趋势和档案检索实践工作的动向，不断拓展档案检索学科的研究内涵和阵地。国家应从宏观上把握方向，应用与理论研究不可偏废一端，国家、省级社会科学等科研项目评审组应当对基础理论研究给予充分的重视，鼓励学者开展相关研究，本着高效保质的原则，积极推动该学科研究均衡发展。

档案信息检索研究的地区分布不平衡在一定程度上了制约了档案信息检索事业的全面快速发展。因此，应着重挖掘学术较弱地区的优秀期刊和出版机构，鼓励这些地区的作者踊跃投稿和著书，对相对较差的论文可给予研究方向上的指点，对有潜力的论文可给出修改和完善的建议，在保证刊物载文水平的基础上为这些地区的作者提供更多学习、发表论文和出版著作的机会，活跃其学术气氛，促进档案信息检索研究向地区均衡化方向发展。

5. 培养研究队伍

就人才培养而言，高校从意识上重视相关技能人才的培养，结合自身办学特色与办学实际，完善各类档案专业设置、优化师资力量、配置教学资源，建立学士、硕士以及博士的相对完善的学历体系，在此过程中严格按照教学大纲开设诸如档案检索、文献检索、信息组织等课程，使在校大学生真正具备档案储存与检索理论和实践技能。

就研究队伍方面的激励而言，政府应建立科学的人才机制，吸引高素质的档案检索研究专业人才和相关学科知识的复合型人才参与到研究队伍中。同时，将档案检索理论与业务工作研究纳入各级政府财政预算，逐步增加有效科研投入，建立可持续发展机制，从各个方面对人才培养予以大力支持与保障，同时监督政策制度的贯彻落实情况，确保档案检索学科健康发展。

此外，通过对比国内外档案检索学科研究成果可知，我国档案检索功能在检索资源、检索方式等方面还有很大潜力，但这需要在资源整合、现代技术植入等方面加以改进，以促进该学科的进步与发展。一方面，我国尚缺乏对档案检索学科建设的宏观指导和整体规划，往往是各自为政，资源割据局面较严重，这不仅造成了资源的严重浪费，更糟糕的是导致了我国档案检索学科的整体功能较差。因此，亟待国家对该学科进行整体规划，例如，创建统一、规范的全国档案网站体系，提高档案网站的整体功能，使档案检索功能也从中得到优化，作用于该学科的发展。另一方面，重视现代技术的植入。与现代技术结合，不断发展的数字化技术、多媒体技术、网络技术为档案检索提供技术支持。从检索实践和体验上看，我国档案应重视现代技术植入。

（二）增强档案检索工作的全面性

推进对档案信息检索工作的深入研究，增强档案检索工作的全面性。虽然我国档案信息检索工作研究已经达到相对成熟的阶段，但理论与实践都在继续发展，随着信息技术的快速发展，档案信息检索工作也会出现相应的新的研究主题，因此，档案信息检索研究人员应及时发现新的有价值的档案信息检索主题，进行创新性研究，拓展对档案信息检索工作的全面性研究，使档案信息检索研究更加完整、更富有系统性。因此，需要档案信息检索研究人员再接再厉，深入研究档案信息检索的主题，推进对档案信息检索的深入研究。

（三）提升档案检索工作的科研创新能力

一方面，培养具备与档案信息检索工作相关的其他行业知识的复合型人才。对于某些行业来说，需要经常进行档案信息方面的检索，培养具备该行业知识和档案信息检索知识的复合型人才，能够从两者的密切联系出发把两方面的知识融会贯通，促进两方面的共同发展。

另一方面，培养具有理论性和实践性研究的复合型人才。目前，档案信息检索研究大多是理论方面的研究，实践性的研究较少。但是，档案信息检索实际上具有很强的操作性和实践性，加强对档案信息检索实践性方面的研究反过来再促进理论方面的研究，将对档案信息检索研究的全面深入发展具有极其重要的作用。教育程度的高低对研究有重要影响，坚持不懈地加强高层次人才的培养以及有效地进行人才再教育是提高档案信息检索研究工作水平和适应社会历史发展的必经之路。

（四）拓宽档案检索成果的流通渠道

档案信息检索工作相关人员可以积极开展学术讲座、会议交流等，拓宽研究成果的流通渠道，使广大研究人员及时了解最新的档案信息检索科研动态，提高研究能力和水平，引导其关注档案信息检索领域相关的科学研究，增强其综合运用科研方法的实践能力，提高科研过程中的学术严谨性。在出版印刷的同时，可以出版光盘等新型载体，以更好地推广档案信息检索知识，扩大利用档案信息资源的范围，促进档案信息检索研究，适应科学技术发展的需要。此外，还可以积极拓展检索期刊，创建我国特有的档案信息检索精品期刊，使我国档案信息检索期刊的编辑出版积极稳妥地向国际化水平发展。

（五）提高档案检索专职服务人员的专业素质和服务水平

档案检索专职服务人员直接服务于利用者，其专业素质和服务水平的高低密切影响着档案检索工作的质量。档案检索专职服务人员只有认识到本职工作对于社会主义事业建设的重要性以及意义所在，才能怀着无限的热情和满腔的责任心投身档案检索工作中。科技的进步以及知识的更新是十分迅速的，档案检索专职服务人员要跟上时代发展的步伐，时刻保持危机意识，不断用新知识和新技术武装自己。

为了促进档案检索工作的顺利开展，提高服务水平，档案部门应重视检索的情况和效果，档案检索专职人员应主动做好档案检索和利用效果统计分析。对于来馆直接检索的利用者，可以在其检索行为结束后要求其填写检索和利用效果登记表，主要内容包括利用者年龄、工作单位、职务等基本情况，检索的目的，使用检索工具的情况，检索过程中检全、检准、漏诊、误诊、拒借的情况，利用效果等。

对于直接检索的利用者，档案部门可以在档案网站上增设利用者检索情况功能，要求利用者在检索行为结束后填写。通过以上档案检索和利用效果情况的统计分析，档案检索专职服务人员可以清楚地看到工作上的不足。例如，哪类档案利用者使用频繁、哪类档案检索效果不佳，然后做出相应的调整。

档案检索工作是一项涉及多个领域的服务性工作。胜任此工作，档案检索专职服务人员首先要具备扎实的专业知识，其次要熟悉馆藏，最后要熟练掌握和使用各种检索技能。如今，信息的爆炸式增长以及人们利用信息的精准性与效率性要求不断提高，求快、求全、求准的心理十分强烈，并且随着社会档案意识的提高，利用者检索需求和检索范围呈现出多样性趋势，当中不排除多数利用者利用需求不明确，表达能力欠缺，这些都给档案检索工作提出了挑战。这就要求档案检索专职服务人员善于总结成功的检索经验，不断扩大自己的知识面，改善知识结构，掌握多种技能；还要不断提升自己的逻辑能力、反应能力、表达能力，在面对利用者模糊的检索信号时能迅速地去粗取精，去伪存真，实现档案检索的快、精、准。

同时还应当注重档案检索专职服务人员的继续教育与培训问题，可以通过提高学历、聘请专家教授到各档案信息机构开设讲座、举办档案专业检索人员研讨班等使档案检索专职服务人员开拓视野，全面提高整体素质。

（六）加强档案检索工作相关人员的交流

随着档案信息检索研究的不断深入，传统的依靠个人力量独立完成重大研究项目的难度越来越大。一方面档案信息检索从业人员要学会相互合作，共同开展研究，交流最新的科研成果，促进档案信息检索工作事业更好、更快地发展；另一方面应该加强高校科研队伍与档案信息检索从业人员的交流，可以让高校的教师、学生更多地参与档案信息检索工作的实际操作过程，让档案信息检索从业人员进入大学校园，使高校科研队伍和档案信息检索从业人员进行互动。档案信息检索工作的学术成果来自实践，把实践工作加以总结成为理论，理论反过来再指导实践，从而实现档案信息检索理论与实践协同发展的良性循环。

总而言之，我国档案信息检索工作研究在整体上呈现出良好的发展态势，但局部上存在一些问题。档案信息检索核心期刊、出版机构以及相关人员应该明确各自的职责，针对档案信息检索工作研究中存在的个别问题加以分析研究，采取相应措施解决存在的问题，为促进档案信息检索研究工作更好、更快地发展做出应有的贡献。

第六章 档案利用与编研工作的优化

档案利用是档案管理工作的最终目的，也是实现档案价值、发挥档案作用的最终手段。档案编研经过不断的发展，取得了丰硕的成果，这些成果对于我国档案信息资源开发与利用都起到了十分重要的作用。随着新时代到来，档案的编研要适应时代的发展，不能一直停留在现有的编研成就上，要让编研适应大数据时代的发展，提高档案编研的利用效果，以此来适应时代发展，满足档案利用者的需求，促进档案信息资源的传播。本章围绕档案利用工作的优化、档案编研工作的优化两方面展开。

第一节 档案利用工作的优化

一、档案利用工作概述

（一）档案利用相关概念

1. 档案利用

档案利用要从两个角度进行理解：一是利用者角度，公众为了满足实际需求到档案机构利用政府档案信息的活动，利用者是主体，有利用档案的需要，政府档案信息是利用对象。从利用者角度看档案利用，是档案利用者通过档案利用工作系统查询、利用档案信息，满足其利用需求的行为过程。二是档案机构角度，档案机构为了满足利用者的利用需求而提供的档案利用服务工作，这时档案机构是主体，提供档案利用是本职工作，利用服务的对象是利用者。利用需要和提供利用是统一的有机整体，二者相互促进、相互制约。档案机构以利用者的利用需要为前提开展工作，满足利用者需要是一切档案工作的出发点和目的，档案机构提供利用服务的质量又直接影响利用者的利用效果和利用行为。

　　档案利用是整个档案工作的出发点和根本目的，是评价和检验档案工作开展好坏的标准，在整个档案工作中起主导作用。

　　2. 档案利用者

　　档案馆提供服务的对象是档案利用者，不同利用者对档案馆的服务有着不同的需求，他们积极主动地参与到档案利用服务中，及时反馈服务需求和建议，有利于档案馆提供均等化服务的准确性和效用性，是实现基本公共服务均等化的重要途径。随着公众档案意识的提高，公众对档案的利用越来越频繁，对档案资源和服务的需求日益增长且变得更加复杂多样。不管利用者是主动按自身档案需要去寻求档案服务并给予服务反馈还是被动接受档案服务，档案馆都可以通过其利用行为来及时了解档案的宣传普及程度和档案用户的实际需求，提高服务的有效性和针对性，发现并解决档案服务均等化中的问题。因此，档案馆要积极引导公众主动参与档案服务建设和发展，分析其利用行为并准确掌握他们的档案需求，为实施基本公共服务均等化提供有效途径。

　　所有有档案利用需求、寻求档案利用的社会组织或个人都是档案利用者。档案利用工作事关档案价值能否真正实现，是档案真正发挥作用的最后一步，也是开展档案管理工作的意义所在。档案管理工作的开展情况将直接影响到档案利用者能否及时有效地获取到所需档案资源，实现档案利用需求。档案利用者的建议和反馈则是完善档案管理工作、促使档案管理工作更上一层楼的一剂良药。档案利用者按利用档案意识的强弱可分为主动的档案利用者和被动的档案利用者，主动的档案利用者具有较强的档案意识，在日常工作和生活中注重对产生的档案进行管理，对于档案资源的开发利用保持一定关注，会主动参与档案工作中，如捐赠档案、做档案志愿者、为档案事业发展献计献策等；被动的档案利用者对档案知之甚少，只有在真的遇到问题时才会想到档案。普遍而有效的公民参与对于实现公共服务合作治理具有社会基础性的重要意义。在具有公共服务性的档案工作中亦是如此。每一个人都可能会有档案利用需求，因此，广大的公民都是潜在的档案利用者，是参与档案管理工作的重要社会力量来源。目前，我国大部分的档案利用者还只是被动的档案接受者，在档案管理工作中的参与度较低。档案机构应当牢牢抓住并利用好这股力量，为档案管理工作的开展注入新的活力。

　　一直以来，档案部门在档案管理工作中占据主体地位。随着我国民主化进程的推进，公民档案意识的觉醒以及档案服务本身所具有的公共性，使得公众在档案管理工作中的参与越来越受到关注。此外，档案利用者是档案管理工作成效的直接受益方以及档案工作不力的直接受害方，因此，其应当作为主要的利益相关者之一给予重视。公众作为社会个体，追求个人利益的最大化是参与特定社会活动的前提。当其寻求档案利用成为档案利用者时，最直接的利益诉求就是自身的档案利用需求能又准又快地得到满足，从而不耽误眼前的工作或要事。如果在档案管理工作中存在档案的收集整理、编目检索等基础工作不到位，档案提供利用的方式单一等问题，那么利用者就要花费更多的时间和精力去查找所需档案资源。而想要公众进一步参与到档案管理工作中，也就意味着需要个人额外时间和精力的投入，意味着个人利益的牺牲，因此需要给予一定的激励才能起到对公众参与档案管理工作的激励作用。

3. 档案利用行为

档案利用行为是指公众受思想动机的驱使，为了满足一定的利用需求，通过相应的渠道和方式对档案信息进行检索、查询等活动的外在体现。档案利用行为发生的主体是利用者即社会公众，受一定的思想动机的驱使以达到某种利用目的；利用行为的客体是一切档案信息，包含了档案信息的类别和内容；连接主体和客体，也就是保障档案利用行为发生的关键因素，即档案利用的方式；而在利用过程中，伴随着一定的心理因素，如心理预期、心理体验等。

4. 档案利用方式

传统的档案利用方式包括档案咨询、档案阅览、档案外借、档案复印、档案展览与陈列、档案编研等方面。这些传统的利用方式都需要利用者花时间、跨地区到档案馆内开展，增加了利用者的时空成本，给档案查询和利用带来极大不便，同时限制了档案服务的普及与档案基本公共服务均等化的实现。在科技快速发展的今天，公共档案馆面临各个层次的人员的不同利用需求，档案馆积极探索新的档案服务利用方式，通过电子阅览室、移动终端、网站、在线即时交流、信息共享平台等方式弥补传统利用方式的不足，为公众参与档案服务建设提供便利，为基本公共服务均等化的实现提供有效手段。

（二）档案利用工作的具体内容

1. 咨询服务

咨询服务就是档案管理人员以馆（室）藏为根据，向利用者提供档案的有关情况，或提供检索途径的一种服务方式。

　　档案利用工作的咨询服务的常见形式有口头或书面答复咨询、指导使用检索工具、提供计算机网络服务等。

　　①以口头（包括面谈、电话等）或书面（如信函、传真等）等形式对利用者的咨询给予答复，这是一种比较传统的服务方式，简便易行，成本较低，且与咨询者可以进行互动式的交流，缩短服务人员与利用者之间的距离，让公众真切感受到"档案就在我身边"。

　　②向利用者主动介绍档案种类，指导利用者科学使用检索工具，为查找馆（室）藏资料与档案提供线索。这种方式适用于对所查询资料范围较广、数量较大，且有一定的专业性、知识性、情报性需求的利用者提供服务。档案管理人员的职责主要是提供相关的检索工具，指导其进行检索。

　　③运用计算机网络通信技术建立档案资料目录信息数据库，利用计算机网络信息平台，宣传、展示资料与档案工作，突破时间、地域的限制，提供资料与档案的查询利用服务，为利用者与服务者建立一个便捷的沟通渠道。通过计算机网络，档案信息和社会信息相互交流、融合，实现了档案信息的社会化和社会信息的档案化。这给资料与档案的利用方式和资料与档案的接收方式带来了新的变革，极大地方便了利用者，缩短了时间、空间的距离，这是一种现代化的档案利用形式。

　　档案利用工作的咨询服务一般包括档案咨询服务人员接受档案利用者的咨询，然后开始查找信息，找到档案信息之后给予档案利用者回复，并进行记录这几个步骤。

　　①接受咨询。了解利用者咨询的目的、内容、范围和要求。如果利用者提出的问题较简单，咨询服务人员有把握则可当即回答，或借助于检索工具和有关材料，短时间内予以解决。问题比较复杂和困难的，可与利用者另约时间，等请示领导或经过考证后再予以答复。

　　②查找信息。对利用者提出的咨询问题进行分析研究，确定查找范围，选定检索工具，明确检索途径和方法，查找有关的资料与档案，获取信息。

　　③回复咨询。在迅速找到与利用者咨询有关的资料与档案后，即可回复问题。回复咨询的方式，视具体情况而定，可直接提供答案，或提供有关材料复制件，或介绍有关查找线索等。

　　④建立记录。建立咨询服务记录，凡是重要的有长远参考价值的，或者可能重复出现的，或者解答不了的咨询问题，都应有完整的记载，包括各种原始记录、解答咨询的过程、最后结果等。

2. 出具证明

出具证明就是档案馆（室）应利用者的申请，根据馆（室）藏资料与档案中的记载而出具的书面证明材料。根据利用者的申请，为维护公民和组织的合法权益，解决人事、财产等方面的纠纷和诉讼，资料与档案管理部门可出具档案证明，从而满足利用者的需要，为档案利用者排忧解难。

出具证明的手续包括档案利用者根据档案申请要求提出申请；档案管理部门人员对申请进行审查，查阅相关资料与档案；根据档案利用者的需求出具档案证明。

档案证明必须根据档案正本或可靠的抄本来编写，以引述或节录资料与档案的原文为主要方法，说明材料的出处和根据。如果必须由档案工作者根据档案内容综合或摘要叙述时，务必保证表述的准确性和真实性。在证明材料中还应写明证明材料的接受者（申请者）以及制发证明材料的档案馆（室）的名称和制发证明的日期，以备查考。档案管理部门出具的证明要手续完备。

3. 制发复制件

制发复制件就是根据利用者的需要发送和提供纸质文件的副本或摘录。制发复制件可以扩大档案的服务面，满足利用者的需要；方便利用者，有查考价值的信息可以长期使用、重复使用；保护珍贵的原件，延长档案的使用寿命，使其能永久或长期保存；扩大资料与档案工作的社会影响力，提高其利用效益。

制发复制件由档案管理部门的接待人员办理，或经过档案管理组织同意后也可自行采用照相机、摄影机进行拍摄。复制档案资料，可按照有关规定收取复制成本费。根据利用者的不同需求，资料与档案复制件的制发，可分为提供副本、提供摘录和提供电子文档等形式。

制发复制件由档案利用者提出申请；工作人员可采用抄录、复印、扫描、激光照排、翻拍、晒印蓝图、电子文档拷盘或刻录等手段对档案进行复制，以满足利用者的需要；最后手续要完备，纸质档案复制件必须和原件仔细校对，并在文件空白处或背后注明档案馆（室）的名称、文档原件的编号，必要时加盖公章，以示负责。电子文档提供拷贝，也应履行签收手续，并按规定期限进行回收。

4. 提供查阅

档案查阅业务是档案馆最基础、最为重要的一项服务，也是档案利用工作之一。查阅主要分为线下和线上两种。

（1）线下查阅

线下查阅即到档案馆查阅档案。利用者到档案馆后，出示个人有效身份证件或单位介绍信，向工作人员表明所查档案的基本信息后，工作人员向利用者提供档案目录以详细查阅，在查阅到相应目录后填报调阅单，由库房人员按照调阅单内的档号调取档案，后将档案原件提供给利用者仔细查阅，确定是所需档案后提供复印服务，并加盖凭证公章。

（2）线上查阅

线上查阅主要是通过电话联系，获取所需的档案。利用者通过电话联系咨询，告知工作人员需要的档案基本信息，由档案馆工作人员查询后确定为利用者所需的，通过邮寄方式提供给利用者。

5. 外借服务

档案的外借就是利用者在办理一定的批准和借阅手续后，将档案借出馆（室）外阅看。从维护资料与档案的完整和安全出发，资料与档案一般是不借出馆（室）外使用的，只有在特殊情况下，为了照顾利用者工作方便，或某些机关必须使用档案原件作为证据，经领导批准后，才可以借出馆（室）外使用。但是对于特别珍贵的资料、档案、古稀文本以及照片、影片、录像带、录音带等原件，必须坚持原则，不能借出馆（室）外。

二、档案利用工作的优化策略

（一）加快档案利用工作的资源整合进程

丰富的馆藏资源是提供档案利用服务的前提，档案部门要以新修订的《中华人民共和国档案法》的施行为契机，积极构建多元化馆藏档案资源体系，提升档案资源建设法治效能，更好地发挥《中华人民共和国档案法》保障各项档案工作的"利剑"作用，进一步健全档案资源体系，加大对档案资源的收集和开放、相关基础设施设备的投入以及档案形成单位与档案馆的合作力度，为档案馆从"档案馆有什么，群众就查什么"向"群众想查什么，档案馆就有什么"转变奠定坚实基础，更好地满足广大人民群众日益增长的档案利用服务需求。

1. 加大档案收集和开放力度

加大档案收集和开放力度是服务国家战略、开展档案资源整合的重要举措。要积极拓宽档案收集的范围并加大开放力度，从档案源头上保障数量与质量。要通过座谈交流、个别访谈、问卷调查等方式，了解公众所需所盼的档案利用类型，根据档案实际情况有针对性地处理。

对于有利用需求且满足开放年限的档案，与人社、民政部门等重点单位建立联动机制，增强其对档案进馆、开放鉴定工作的重视和理解，不断扩大档案接收范围；对于因为一些客观因素不能及时收藏进馆的档案，档案部门要主动采取措施，建立档案登记和年检制度，定期到相关部门了解档案保管利用情况，精准掌握档案的类型、内容、数量、数字化、保管等相关情况。此外，档案部门还要经常性地到相关部门开展档案业务指导和执法检查，切实加强对档案的监管，在接收条件满足后，按照《中华人民共和国档案法》规定，对档案接收进馆和科学鉴定，确保"应收尽收""应开尽开"，促进档案收集和开放工作走向规范化、制度化、标准化。

2. 强化档案设施设备投入

加强档案资源建设需要投入相关的硬件和软件设施设备，硬件设备包括符合标准的档案保管库房和档案保管、保护、开发、利用所需的各种硬件设备；软件设备包括为实现档案数字化提供的设施设备，积极推进档案基础设施设备建设。因此，各级档案部门要加大政策扶持和资金投入力度，既要按照有关政策要求，足额保障档案收集、整理、移交、利用等相关经费，也要确保档案保管设备及时到位，着重补齐硬件短板。同时，档案库房面积不足是基层综合档案馆的共性问题，要下大力气改善。

3. 建立档案目录中心和发布机制

将不同地区、不同部门、不同种类的档案纳入互联互通的资源系统建设显得尤为重要。可以牢牢把握线上、线下档案跨区域查询服务工作的契机，通过开放各地馆藏档案资源、共享现有馆藏档案、返还历史进馆档案数据的方式，对档案部门以及重点相关单位的档案目录进行整合，探索建立档案目录中心和发布机制，拓宽档案部门与非档案部门之间档案资源共享合作的途径，积极推动档案资源实现共建共享，打破档案资源壁垒。

4. 构建以满足公众利用需求为导向的档案资源体系

每一供给主体都具有区别于其他主体的独属特性，供给主体的特征越具有专属性，服务领域越易于分清，档案馆作为名义上的供给端以其供给信息的原始记录特性有别于其他信息供给主体。作为信息供给端和利用需求端的联结点，以档案馆为主导的双边匹配有利于优化资源共享、减少信息传递成本，所以要重点提升档案馆供需匹配的能力。实现信息供给与需求的有效对接是衡量档案馆提供利用服务效果的重要标准，信息的供需匹配主要是通过信息服务来尽量满足供需双方的要求并使其达到满意的结果，以最大限度降低信息供需双方的成本。构建信息供需匹配模型的目的则在于有效识别和找到供需双方的匹配点，确定稳定的匹配关系，实现信息资源的优化利用，使信息服务高效适用。一方面，在对档案数据进行组织处理的同时建立能够描述自身的结构、内容的档案数据模型，基于数据特征进行大数据分析；另一方面，采集、管理并分析描述用户需求以构建档案用户需求模型。然后，将档案资源和用户需求按不同类型进行细分，通过精准的供需匹配，为不同需求类型的用户合理推送档案信息。此外，供需匹配的决策方法涉及一些数学模型和算法，可以设计一套关于档案馆馆藏与用户需求对接的评价体系，将供需实现量化管理，根据供需双边匹配的决策算法，计算出双方的最优配对点，并进行后续跟踪。

2021 年，中共中央办公厅、国务院办公厅印发《"十四五"全国档案事业发展规划》，提出要建设好覆盖人民群众的档案资源体系，强调档案资源体系建设要坚持人民立场、以人民为中心的发展理念。在档案利用服务体系中，社会公众逐步成为服务的重点对象，传统的机关档案服务逐渐向社会化服务倾斜。满足社会公众的档案利用需求成为政府档案事业发展的出发点和落脚点。档案机构要重点探索公众多元化利用需求并激发公众利用的意愿，积极探索，创建面向社会公众的政府档案信息资源数据库，开发符合公众需求的政府信息板块，加大对档案的开发力度。在满足公众档案利用需求的同时，根据利用需求适时调整、拓宽档案信息收集渠道和范围，而且要保证收集到的档案信息来源真实、齐全完整、无删减、篡改、涂抹痕迹，确保档案信息的真实性、原始性和完整性，逐步形成"档案满足公众需求，公众需求反馈档案收集"的良性循环机制，从而构建以公众档案利用需求为导向的政府档案资源体系。

公众对于档案的利用需求主要集中在民生档案、政府法律法规等方面，因此，档案机构应当从事关公众切身利益的档案资源入手，收集范围向就业、医疗、交通、教育、资源环境、城建、社会保障、扶贫、乡村振兴等领域倾斜，以婚姻、户籍、社保、医疗、房屋产权、拆迁、城建等贴近民生类的专业类别档案和以工资、工龄、户籍、学籍、执业等资格类档案为收集重点。根据不同的利用需求，加强馆藏资源多元化收集。而政府信息公开条例的实施，使公众对政府机关现行文件、半现行文件、政府法律法规等的利用意愿越来越强烈，政府机关与政府档案机构在档案信息资源整合上要做好有效衔接，加强信息联动和信息共享，避免信息分割或"信息孤岛"现象产生，同时充分发挥综合档案馆政府信息公开的窗口效应，努力提升公共服务能力。

（二）打牢档案利用工作的信息共享服务基础

档案信息共享服务涉及海量的数据信息，科学统一的数据标准、安全高效的数据系统、共建共享的数据平台三者缺一不可，只有这样，才能打牢档案信息共享服务基础。

1. 构建科学统一的数据标准

档案数字化是提高档案利用服务时效的重要保障。要积极构建集成统一的档案数据结构、档案信息服务操作等方面的标准体系，制发互认的电子签章，从而真正整合不同地域处于分散、孤立、碎片化状态的馆藏数据，消除信息交互壁垒。主要包括以下几个方面：一是统一的数据总体标准，即数据结构的总体框架、建设标准、术语标准和其他综合标准等；二是统一的数据管理标准，即数据结构建设、日常运营管理、使用效果测试和定期评估标准等；三是统一的工作标准，即不同地区的档案馆要按照同样的数据建设流程和标准，为查档者提供档案信息服务。

2. 构建安全高效的数据系统

无论是档案跨区域查询平台，还是档案馆各自建成的数字档案馆查询系统，大多以内网查询为主。因为，档案数据上网势必会增加档案信息的安全隐患，但是完全采用内网查询也不是长久之计，因此，在确保档案安全的基础上，应构建安全高效的数据系统。对于可完全开放的档案，有条件的地区可以在网上建立公有云，实现档案、数据库全文检索，通过平台直接检索获得所需查找的档案；对于可查询但不能开放的档案，建立一个中介机制，通过档案工作人员连接双方，让内部库与外部库隔离但又紧密联系，通过馆际合作，为查档者提供更加便捷的服务，对外服务就提供一个入口，避免造成查档者的混乱；对于涉及个人隐私等特殊的档案要进行加密处理，通过录制责任申明视频等方式，明确查档者的责任和义务，确保档案数据的安全；对于认证用户和非认证用户分别设置不同的权限，建立统一的用户管理机制和详细的用户查档台账，确保每一步操作都能追根溯源。无论是利用哪一类档案，都借助人脸识别、支付宝、银行卡等认证方式，对档案查询者的身份进行验证，规定所有查档者必须阅读完查档须知才可以使用查档服务。

3. 构建共建共享的数据平台

按照档案数据大集中、档案服务大平台的思路，突破地域、省域限制，在平衡安全性和适用性的前提下，做优做强档案跨区域一体化在线查档平台，注重充分整合原有的档案数据平台，积极构建档案共建共享数据平台，打破档案数据平台"孤立运行"的状态，真正实现跨层级、跨区域、跨部门的档案查询利用服务。

（三）优化档案利用者的查档体验

加快转变政府职能，将有效市场和有为政府更好结合，持续优化市场化、法治化、国际化营商环境，建设人民满意的服务型政府。新形势下，各级档案部门要适应改革目标要求，勇于打破定式思维，坚持用户至上的思维观念、练就与时俱进的专业本领、树立奖惩分明的鲜明导向，不断深化档案利用成果，在服务社会等方面发挥更大作用。

1. 坚持用户至上的思维观念

当前，新事物层出不穷，各行各业都在倡导积极构建以用户为中心的服务模式，即用户思维。对于各地档案部门来说，坚持用户思维就是档案部门要在档案服务中全面了解用户的查档服务需求，主动发掘用户的潜在档案利用需求，从而实现精准化、个性化、多元化的档案服务。例如，在档案查档方式上，充分考虑查档者对于自助查档、提高查档效率的需求。利用网络技术，探索"无接触式"查档模式，使线下服务向线上服务转变，让热线查询、网站查询、微信小程序查询、App查询等新型查档方式逐步成为查档者的首选方式，实现档案馆馆藏档案从"最多跑一次"到"一次都不跑"的跨越，提升各级档案馆服务社会、服务群众的能力；同时，在档案馆还可以设立自助查档服务——"档案超市"，由机器核验身份证信息，查档者自助进入查档系统、输入关键词、提交查询、显示结果，缩短查档时间。在档案出证方式上，改变因循守旧的方式，提供多元化出证手段，现场出证时可以为有需求的查档者提供光盘刻录服务；远程出证时不再单单使用传统寄送档案复印件的方法，在确保公民个人档案信息安全的前提下，利用二维码验证、电子加密等技术制发证明，为查档者提供由档案馆出具的只能生成唯一编号和二维码的证明，通过扫码验证真伪，使查档者通过网络方式获取的电子证明同样具有法律效应，缩短出证时效，提升查档者的获得感与满足感。

2.练就与时俱进的专业本领

一是要加强对档案工作人员的教育培训。围绕档案归档、签订、开放、查阅、数字化等内容，通过业务培训、学术研讨、远程教育等途径，提高档案工作人员的业务素养，提高档案工作的能力和水平。同时，加强对档案工作人员的能力考核，定期对其业务能力进行测试，使档案工作人员开展业务学习。

二是要加强对档案工作人员的业务锻炼。注重在工作实践中培养和锻炼档案工作人才，在档案部门内部进行轮岗交流，全面提升工作能力。

三是要加强学术研究。鼓励档案工作人员立足岗位实际，结合工作情况，开展学术研究，参与学术交流，撰写课题论文，不断拓宽眼界，更新思路，提升自我的核心竞争力。

3.创新多元查档的宣传形式

档案部门要注重充分宣传现有工作举措成效，让多元化的档案查询利用服务更广泛地为广大人民群众所知晓。要加大宣传力度、创新宣传形式、巩固宣传效果，在内容上向人民群众的生活靠近，努力从本系统宣传走向多系统宣传，从线下宣传走向线下线上宣传，围绕档案利用服务工作制作宣传小视频、"一图读懂"流程宣传图，在微信、微博、抖音公众号等载体上广泛宣传，积极从单媒体宣传走向多媒体宣传，努力提高广大人民群众对档案馆开展的多元化查档手段的认识，营造适应时代需求的档案利用服务良好氛围，提升档案利用服务工作的社会影响力。

4.强化档案人员的公共服务意识

档案机构社会化服务要充分挖掘社会公众需求，以人为本，以满足公众的根本利益为出发点，立足岗位，转变工作作风，强化服务意识。档案部门要充分认识社会公众在年龄、职业、文化程度、收入等方面的个体差异，根据不同的利用类型和需求灵活调整工作形式，变被动服务为主动服务。档案人员是提高档案公共服务能力的关键因素，其综合素质的高低决定了档案利用服务水平的高低。对于档案人员，除了要打牢扎实稳固的专业基础、熟练掌握档案专业技能、精准操作各项信息化技术以外，还要时刻遵循耐心、细心、责任心的"三心"原则，以饱满的工作热情投入档案利用服务工作中。

5.提升公众的档案信息素养

公众的档案信息素养通常是指公众能够利用档案信息解决在工作查考、学术研究、编史修志、维护个人权益等方面遇到的问题，并且具备对档案信息进行检索、查阅、鉴别、评价以及反馈的能力。要从如下几个方面提高公众的档案信息素养。

①加大政府对档案的宣传力度，强化公众对档案的认知。公众的档案信息素养的养成更多的是被动式的，主动了解档案、利用档案、学习档案知识的人较少。因此政府档案机构必须加大对政府档案的宣传，引导公众了解档案、认识档案，从而主动利用档案。由于网络信息技术等客观条件限制，有关政府档案信息的宣传局限于广播、电视、报纸杂志、政府公报等形式。随着网络信息技术的飞速发展和以短视频、微博、微信等为媒介的自媒体技术的兴起，档案的宣传更加方便快捷，政府档案机构应以此为契机，开展形式多样的宣传活动，如档案专题展览、公益讲座、微博微信档案知识互动、档案门户网站建设、档案知识电视宣传等，让档案知识在社会公众中入耳入脑入心。

②鼓励多元主体参与，加强对公众档案信息素养的培育。公众档案信息素养是档案事业发展的驱动力之一，社会各机构要积极承担起培育公众档案信息素养的职责，特别是政府机关、政府档案机构、学校等主体要主动肩负起培育职责。政府机关和政府档案机构分别是政府信息的形成者和保管者，可提供制度、经费、档案信息资源保障，对于公众档案信息素养的培育有得天独厚的条件，可制作政府信息公开宣传册、宣传片，举办民生档案专题展览，开设档案专栏，联合社区、街道办对辖区居民进行档案知识宣讲、培训。学校可通过开设档案系列课程、专题讲座、档案知识进课堂、毕业生档案专题培训等多种形式开展培育工作。此外，图书机构、行业组织、其他社会组织也应承担起培育公众档案信息素养的职责。

（四）健全档案利用工作的配套机制

档案利用服务工作必须健全各项机制，它的推进必须依靠自上而下的路径，以上层推动为起点，以基层落实为归宿，在权责统一、顶层设计、跟踪问效、集成管理上整体谋划、系统设计、统筹推进，用体制机制让档案利用服务开展得更为深远、更有意义。

1. 建立权责统一的行业机制

一方面，要深入贯彻落实国家档案局（馆）的相关规定，积极构建一套统一的档案管理制度，自上而下确定一个统一的分类标准，对不同级别的档案部门开展档案利用服务工作提出相应的要求，以便其自觉贯彻落实档案归档及日常管理制度。另一方面，基层档案馆要认真对照建档与归档标准，对收录进来的文件和档案进行分类和归档，对于涉及相关事件和反映社会事件的档案要进行特别分类和归档。档案部门也要加强与相关部门的联系与合作，指导监督相关部门开展档案工作，保障档案工作开展的针对性和准确性。此外，还要注重围绕社会发展需要，充实完善相关规章制度，制定具体实施办法、工作细则。档案部门要对涉及人民群众切身利益以及有利于服务型政府建设的相关档案资料主动介入，加强指导监督，注重收集完整，逐步规范行为。

2. 优化顶层设计的管理体制

在国家机构改革背景下，重组后的档案行政管理部门要重点抓好顶层设计、完善法规体系、开展档案执法、履行指导职能、开展档案宣传教育，为档案事业发展营造良好的环境。机构改革后档案行政部门的行政能力弱化，档案行政管理部门难以通过行政手段促进档案工作的进展，因此需要通过法律途径予以推进。档案界一直在呼吁依法治档，依法治档首先要有法可依，目前档案体制内有大大小小的法律规章，另外还有大量的规范性文件和档案标准，但关于档案信息资源开发利用的专门性法律或规范较少，更不用说对协同开发这一创新性开发机制的法律规范。因此首先需要充分运用利益平衡原则，出台关于档案信息资源协同开发的专门法规，并构建科学、实用、完善的档案法规体系。最为有效的方法是从《中华人民共和国档案法》的高度对协同开发中的权利及义务进行顶层设计，确认协同开发中涉及的信息权利及利益，认定相应权利与义务的优先等级，要注意调和档案信息资源协同开发进程中不同等级、不同地域的档案部门、档案机构之间，档案部门、档案机构和档案用户之间的权利冲突、利益失衡现象。此外还应格外关注《中华人民共和国档案法》与其他相关法律法规的衔接，如与《政府信息公开条例》《中华人民共和国知识产权法》的衔接，使档案信息资源开发权利和义务的履行在法律上找到依据。其次要将所有权利主体、档案信息客体和所有信息权利内容等都纳入档案法制体系的建设中，理顺管理机制，完善档案信息权利遭到侵犯后的救助机制，还要尤其调和"条""块"管理所带来的混乱以及"条"与集中统一原则的矛盾之处。

除了可以利用法律对协同开发中的利益进行协调，还应当强化档案信息资源协同开发中的信息伦理建设。法律、行政法规等强制手段所能够调节的利益关系通常是比较重大的利益，并非所有的利益关系都可以通过法律进行调节。此外，法律的调节具有滞后性，法律的制定与施行通常具有较大的时间差，运作的成本也很大。因此，法律并不足以对复杂多变的协同开发系统中的所有利益关系进行协调，还需要依靠信息伦理这一个覆盖面更广的调节手段。法律依靠外来强制力产生作用，而信息伦理通过社会舆论、传统习俗等柔性手段发挥作用，其表现为善恶对立的心理意识、原则规范和行为活动的总和。它有能力通过道德谴责、舆论压力、内心信念等约束形式对档案信息资源协同开发进程中涉及的利益问题进行协调。此外，档案信息伦理可以全方位地超前规范协同开发各主体的行为，还可以对相关主体的开发行为起着监督作用，便于各主体在开发行为之后对开发成果进行反馈，并反思自己违反伦理道德的档案开发行为。

3. 健全跟踪问效的监督机制

监督问责是保障档案工作高质量发展的重要手段。建立档案工作定期检查和通报机制，健全党政机关档案工作责任制，将档案利用服务情况纳入年度绩效考核很有必要。档案部门应该以高站位、高标准、高水平的工作来服务经济社会发展和广大人民群众。各级党委、政府要把握发展大局，加强对档案部门的工作监督，健全档案工作责任追究制度，坚持对档案利用服务成效进行跟踪问效，对未按照国家法律法规和行业要求推进档案工作的单位和人员，依法依规进行问责和处理。对于情节严重的，既要追究具体工作人员的责任，又要追究单位主要领导和直接责任人的责任。档案部门也应建立本系统、本部门的档案监督制度，加强对相关部门档案工作的监督指导。同时，要及时曝光档案利用服务工作中出现的反面案例，放大教育引导和警示作用，让档案更好地服务人民群众、服务经济建设、服务社会发展。

4. 构建集成管理的长效机制

档案利用服务工作是一项涉及民生的系统工程，离不开各级党委、政府的坚强有力领导，也离不开各级档案部门的有序推进和各有关部门的配合支持。要提高思想认识，加大对档案利用服务工作的重视力度，积极引导档案部门与相关部门密切协作，为档案集成管理凝聚工作合力。具体而言，就是将各集成要素构建成一个更加具有活力的有机整体系统，有效提升档案工作的整体功能，发挥出档案服务于民的功效。档案部门应推进一体化建设，联合相关部门主动作为、打破常规、积极创新、勇于突破，科学谋划档案在平台升级、查询利用、档案研究、人才培养等方面的集成管理新蓝图。同时，积极建立统一的工作机制、合作规划、管理体系、组织模式和技术标准，以各级档案部门为主管部门，围绕档案利用服务主题，建立相关部门协同会办的机制，定期召开协同会办会议，召集相关部门进行协同会商，科学解决档案的多头管理、互相推诿的问题，逐步实现档案利用服务工作高质量发展，助力档案一体化工作，努力探索档案利用服务体系建设的新途径。

5. 完善档案开放利用的政策机制

（1）进一步完善相关政策法规

档案政策显著影响公众的档案利用行为，因此要提高公众对于档案政策的满意度。政策法规是解决档案数据开放过程中产生的各种问题，指导不同单位开放档案数据的基本准绳。因此完善与档案数据开放的相关政策法规成为当务之急，而这需要国家与地方层面的共同努力。

在国家层面上，相关部门要对现行的政策法规做进一步的细化，加强不同政策法规之间的联系。首先，要对现行政策法规的内容进行补充说明。相关部门可先将全国各级综合档案馆、专业档案馆、相关部门与机构在档案数据开放过程中产生的常见问题进行汇总，对这些问题进行说明并在档案局官网等网站进行公示。例如，向不同利益相关者解释现行的国家政策法规是如何规定实施的，某类问题应当参照哪个法律的哪些条款，通过解释说明的方式来化解当前存在的主要问题。其次，享有提案权的机关或者个人再根据具体实践中的情况，如不同利益相关者的亲身感受、司法判决结果等，将应当修正或补充的内容形成议案上交。最后，由全国人大及其常委会在经过讨论以后修订现行的政策法规或制定新的政策法规，将不同政策法规中的内容结合到一起，起到宏观上引领的作用。

①明确政府档案的开放范围。《中华人民共和国政府信息公开条例》对主动公开和依法申请公开的范围做了明确规定，总体开放原则是以公开为常态，以不公开为例外。新修订的《中华人民共和国档案法》对政府档案的开放范围归纳为国家档案馆保管的档案（不满足公布条件的除外），开放范围仍然较笼统、宽泛，没有明确指向。为了便于公众更加方便快捷地利用档案，政府部门与政府档案机构应做好工作衔接，明确政府信息、政府档案的开放利用范围，尤其是满足开放条件的政府信息转化为政府档案后，是否可以随时向公众开放。政府档案机构应参照《中华人民共和国政府信息公开条例》公开范围，加大公开力度，拓宽公开范围。

②适当缩短档案封闭期。新修订的《中华人民共和国档案法》明确规定国家所有档案自形成之日起满25年向社会开放，经济、教育、科技、文化等类档案，可以少于25年向社会开放。档案形成之日起至期满开放之前的这段时间称为档案封闭期，这与《中华人民共和国政府信息公开条例》规定的20个工作日相去甚远。对于由政府信息转化而来的政府档案，《中华人民共和国档案法》对涉及政府信息公开事项的主体单位做了规定，对公开时限仍未做明确说明。因此，呼

吁政府档案部门根据社会公众的利用需求，遵从法律法规规定，灵活审慎地调整档案封闭期。

③简化利用手续，优化审批流程。《中华人民共和国档案法》明确规定要积极为档案利用创造条件、简化手续，为公众利用档案尽可能提供便利；《中华人民共和国政府信息公开条例》规定政府机关应当建立完善的政府信息申请渠道，为申请人提供便利，而且对政府机关给出答复期限做了明确规定，但实际上仍有个别单位的档案利用工作存在"门难进"的情况，这极大地打击了利用者的利用热情，不利于档案利用工作的开展。相关部门应进一步转变工作作风，简化利用手续，优化审批流程，强化政府档案公共服务职能，不断推进政府档案社会化服务工作高质量发展。

在地方层面上，地方省份要根据当地的实际情况来修订或制定相关的条例规定。档案数据具备档案和数据的双重属性，因此在修订或制定地方性政策法规时，要注意从档案和数据两个维度来进行考量。目前，在档案维度上制定了有关科研档案数据开放的地方性法规，地方不仅要在档案维度上及时根据国家相关政策法规来修订调整地方性政策法规，还要在数据维度上加快数据条例的制定，与国家层面的政策法规共同形成指导档案数据开放的政策法规体系，以此带动各个档案部门、相关管理部门与机构内部规章制度的修订，让档案数据的开放有规可依。

（2）提高工作人员制度执行水平

政策法规的落实需要相关部门工作人员在工作过程中的坚决贯彻。因此要加强包括档案部门、司法部门、相关管理部门与机构在内的与档案数据开放相关的不同单位的队伍建设，提高其制度执行水平。对档案部门、司法部门、相关管理部门与机构等直接负责科研档案数据开放工作的单位而言，要加强对工作人员思想上的培训。一是杜绝各种"懒政"思想。面对社会民众的各类开放申请，无论申请公开的档案数据是否存在、是否公开，都要做到依法依规及时答复，实现程序上的合法。二是注重学习相关政策法规的具体内容，做好档案数据的开放工作。要按照"以公开为常态，以不公开为例外"的原则，定期公布开放的档案数据目录，最大限度地公布档案全文数据。面对常见或明显不合理的问题则要依据政策法规或规章制度进行合理解释。

对法院等审判机关而言，则要注重在司法实践中提高司法人员的执法水平，在面对开放档案数据中产生的不同问题，尤其是不同利益相关者之间的权益冲突时，扮演好"中间人"的角色。司法人员在解决问题的事前、事中和事后三个阶段都要公平合理，依法审判。在事前阶段，司法人员要判定该类问题是否符合受理的条件，避免造成公有权力的浪费。在事中阶段，司法人员则要做到对相关法条的合理援引，对司法判决做出合理解释。司法人员可通过互联网平台与其他地区解决过类似问题的司法人员进行交流沟通，在法条的援引上达成一致，以保证判决结果的公正。在事后阶段，司法人员要注意将具有代表性的审判案件纳入法律数据库，为今后各地司法人员提供合理的借鉴与参考。

6. 建立相关反馈机制

（1）建立对档案服务有效利用的反馈机制

一是完善相关制度。把关于档案业务使用信息反馈的相关条款列入制度之中，并建立具体的小组管理机制，明晰职责义务。健全管理制度能让工作人员和使用主体都有据可依，让工作人员明白，获取反馈信息是日常业务工作过程中的一项重要部分；让利用主体更清楚利用档案的权利与义务。

二是建立档案利用信息反馈小组。建立以馆长、各处室主任、利用档案频繁的单位领导人为核心的信息反馈小组。其工作重点是定期获取有关政策法律资讯、用户利用效益的统计，调研并分析使用要求，做好对档案利用的宣传报道等工作；听取并收集社会和个人对档案部门的呼声与诉求；定期收集用户对于服务问题的建议、意见及处理结果等。

（2）进一步健全档案利用反馈信息采集制度

一是强化用户意见箱管理工作。设置专门负责管理的意见箱，并进行定时开箱工作，对来函征求意见进行分类，分析并总结出宝贵的提议和意见，适时办理，并公示办理反馈意见。

二是丰富档案利用登记表。档案利用登记表的填报项目除利用者信息外，还可添加利用者的电子邮箱、利用效果、对档案利用服务的建议意见等内容，有利于回访调查工作的开展。

三是提高档案信息平台的互动性。档案信息平台应内嵌各类互动业务模板，并提供各类互动渠道，如邮件、留言板、网上咨询回复等，以便各单位档案部门工作人员和社会公众个人的使用。

第二节　档案编研工作的优化

一、档案编研工作概述

（一）档案编研工作的内容

档案编研工作是利用档案的一种方式，是发挥档案价值的重要途径。档案编研是档案部门根据本部门馆（室）藏档案文件，在满足社会需求的基础上，研究档案内容和社会需求，根据社会需求利用档案信息编写参考资料、汇编档案文件、参与编史修志、撰写论文专著等活动。档案编研工作大致由以下五大基本要素构成：编研者（主体）、档案信息（客体）、编研过程、编研成果和用户。

档案编研在研究档案内容和社会需求的基础上，按照一定的题目、体例和方法编辑档案文献，具有极强的研究性和社会性，是利用档案为社会服务的具体体现。档案编研工作大致包括研究档案内容、编写参考资料，汇编档案文集、编纂档案文献，参与历史研究和编史修志三方面内容。档案编研工作与方志之间的关系向来非常密切，古代修史纂志，无不借助于档案，中国很早就有档案，古代典籍中的册、典、简策、卷轴、简牍、文案、案牍、文牍、文书、簿书等皆属于档案。各类档案都是修志所需资料的重要来源，想要书写府、县志的疆域、户口、土贡、职官、科第、赋役等内容，必定需要档案资料的支撑。古代史志学家，如司马迁、司马光、刘知几、章学诚等，在编史修志、编纂史料、阐发史学理论中都直接接触、运用到档案史料，对档案的史学价值有着深切体会，他们的史志论述与著作中蕴含着丰富的档案编研思想。

如今，档案的内涵更加丰富，保管和利用也越趋先进，方志编修工作也越加重要，档案学与方志学在相互影响中共同发展。党和政府高度重视地方志编修工作，历代方志整理活动硕果累累。《地方志工作条例》规定地方志书每20年左右编修一次，又规定凡方志修成之后，依法移交本级档案馆或者方志馆保存、管理。这意味着，未来方志与档案编研工作、方志学与档案学之间的关系将更加密切。方志学所研究的内容包括方志的产生和发展的历史，方志的编纂原则和方法，方志的内容以及方志的收集、整理与利用工作等，这些方面的研究成果和实践经验都可以与档案学互相借鉴。同时，修志所征集的资料，尤其是调查和勘测所得，又是丰富档案馆馆藏的重要资源，使档案馆更具地方特色。

（二）档案编研工作的原则

1. 存真性原则

在编研工作中最需要坚持存真性原则，以此保证编研材料的真实性和可靠性，反映出历史事物的本质，而想要做到存真，就要多搜集和利用档案资料，尤其是特殊形式的资料，更要重视通过实地调查和测量获得真实的勘测数据以及向当事人、亲历者或专业人士获得可靠的口述资料。并且志书内容的全面依赖于取材的广泛，广泛取材和旁征博引是保证档案内容翔实丰富的可靠手段。围绕选题，广泛、全面地搜集材料，既可为档案编研提供充分的史料依据，还可以保证编研成果的质量，提升编研成果的价值。

2. 实用性原则

实用性原则是指档案编研成品必须适合社会各方面工作的客观需要。实用性原则应当贯穿于编研工作的全过程。从编研课题的选定、选材范围与标准、编研材料的加工方式到印制数量、发放、交流范围等，都应当在了解实际需求的基础上进行，切合实际需要，注重实用性。既包括当前的实际需要，也包括长远的客观需要；既包括社会需要，也包括经济需要，应当正确处理好这些关系。

3. 可行性原则

可行性原则是指档案编研工作必须在依托档案馆（室）藏的实际状况和在遵守相关法规的前提下进行，还应在馆（室）藏档案内容所覆盖的范围内进行，凡不符合开放利用规定范围的档案，都是不可选用的。

（三）档案编研工作的程序

①选定编研主题。选题是编研工作的首要环节，选题的基本依据是社会活动的客观需要及馆藏档案的现实基础。选题要具有针对性和实用性，应针对社会的需要，选择有现实意义的题目。

②拟制编研方案。拟制编研方案包括编研的主题、内容；编研的目的和要求；编研成品的结构和体例形式；选取档案材料的范围；参加编研工作人员的组织分工；编研进程的时间安排和工作步骤；编研质量保证的具体措施等。

③收集编研材料。紧紧围绕编研主题收集档案材料，要注意档案材料的广泛性、联系性和真实性，要保持档案材料来龙去脉的前后衔接关系，材料要进行鉴别、核实，去伪存真。

④加工与编排。对档案材料做必要的加工和有序的编排，加工包括选录、

摘抄（或复印）、绘制图表、内容校核以及文字、标点、图例、符号的考订和标准化审查等工作内容，编排是按照拟定的体例形式，对选择的档案材料进行顺序排列。

⑤审校与批准。在对档案材料进行选录、摘抄、绘制图表等加工工作时进行初审；再对编研成品初稿全面终审，报请有关领导审定批准。

二、档案编研工作的优化策略

（一）提升档案编研工作的主体合作编研意识

1. 确立科学的档案编研意识

意识是社会思想、理论、意志等观念的总和，对事物和工作的正确意识和先进观念，是人类顺利开展某项社会实践活动的重要条件。档案编研意识既包括档案工作者对档案及其编研工作的认识程度和认识水平，即认识意识，也包括为更好地开发利用档案而调整其机构职能目标和具体编研业务活动的自觉性、积极性，即参与意识。提高档案部门的档案编研意识，能够为档案编研工作发展提供观念引领和动力支持，推动档案编研工作的优化与创新。

（1）提升编研工作的重视程度

档案部门要全面重视档案编研工作，从上级到下级，从宏观到微观，这样才能更科学合理地运作档案编研工作。

首先，领导要重视编研工作。领导作为档案管理人员中的领导者和管理者，有制定发展战略、做出重大决策等职责，其工作理念与意识通常决定了档案机构的工作重点和发展方向。因此，各档案部门的领导要更加重视档案编研工作，将其摆在档案工作体系中更重要的位置，并制定完整的编研工作长期规划，科学把握编研工作的重点与方向，为之投入更多的精力和资源，确保档案编研工作的顺利进行。

其次，增强编研部门人员的编研意识。档案编研部门的档案工作者是完成编研的第一责任主体，也是编研工作计划的具体实施者，他们对档案编研工作的认识水平、对相关工作规划的理解程度直接决定编研工作开展顺利与否，也决定编研质量高低，所以编研部门工作人员需要充分认识到档案编研的意义和重要性，并重视自身编研业务能力的提升，相互配合、积极主动地进行编研工作，以争取领导层的肯定与支持。

（2）树立编研工作的"供给侧改革"理念

档案编研成果作为一种"商品"或"文化产品"，将档案部门与以档案服务用户为代表的社会联系在一起，形成一种供求关系。社会对档案编研成果的需求是一直存在的，并且能够通过一定的方式获取，城建档案部门可以采用问卷调查、数据挖掘、用户访谈等方法直接挖掘社会需求。例如，宏观地看，当下"城市记忆"工程还在持续，依然需要通过档案编研去满足社会对城市文化的需求。从微观角度具体地看，社会大众喜欢何种形式的城市文化载体、需要何种形式的档案编研服务以及关注哪些方面的城市文化等，都是档案编研部门需要掌握的社会需求。

因此，档案编研意识与社会对档案编研成果的需求之间存在相互作用，档案工作者较强的档案编研意识促进编研工作产出高质量编研成果，高质量编研成果能够提升城建档案文化宣传效果，进而激发社会对档案编研成果的需求。反过来，社会需求则会进一步推动档案编研工作顺利进行，产出高质量的编研成果，从而形成良性的作用闭环。

档案部门都是根据"需求侧"的变化推进档案编研工作的。其实，社会需求对编研工作的推动力十分有限，因为社会需求很难被全面掌握，没有对社会需求的深度把握，被动的档案编研工作就很难满足不断变化的社会需求。所以，档案部门需要树立"供给侧"意识，在主动挖掘社会需求的前提下，主动向社会提供高质量编研成果，从而创造并引导社会对档案编研成果的需求，让档案文化对社会产生积极影响。

2. 加强档案编研主体多方参与

档案编研是档案利用的一种实现形式，其目的就是开放利用。如今的编研将会从海量的档案数据中抽取出可以开发利用的档案数据样本进行编研开发，需要打破封闭的编研主体形式，实施合作化、共享化编研的模式，以此来做到数据共享，降低单一的编研主体进行数据开发或者数据挖掘的难度。

（1）由绝对编研主体转变为联合编研主体

大数据时代的到来毫无疑问带来的直接影响就是数据量的剧增，数据的规模大到使用一般的数据挖掘工具难以直接进行数据挖掘和数据分析。随着我国经济的快速发展和各种战略规划的实施，我国每年所产生的档案数量也是巨大的，档案馆每年接收的档案数量可用巨量来计算。大数据时代保持一切数据皆有用的思维。从档案视角出发，数据作为人类活动的原始符号记录，因而也要求我们在大数据时代树立数据即档案的新思想，而在档案管理领域，馆藏档案就是档案部门的大数据，因而如何开发利用这些数据，如何将可以进行开发利用的数据进行抽取并形成最后的编研成果就需要树立新的编研观念。

大数据时代为档案编研开创了新的视角，一个理想的和有生命力的系统，必须适时地同外部环境保持最佳的适应状态。打破陈旧的编研思想，首先就需改变档案馆作为绝对编研主体的现状。大数据时代，数据量巨大，数据呈现及时性的特征，"一切归档"成为可能，档案的大门更为开放。因而，归档过后形成的档案也会是数量巨大并且呈现出不同的形式的，如果只凭借档案馆单薄的力量从海量的档案数据中开发利用可用的档案信息，恐怕会力不从心。

大数据时代，各种数据铺天盖地地飞来，很多有用的数据没有能够及时地归档进入档案馆中，分散在各企业、政府机构或是还在一些互联网的节点上。如果不加以开发利用，与其他机构进行合作编研，很可能就会导致档案信息石沉大海。因此，档案编研部门要积极地走出档案馆，打破档案馆绝对编研主体的地位，补充丰富的外部社会文化资源，如可积极地与情报部门、高校，甚至企业进行联合编研，这样既可发挥自身所具有的档案专业知识，也可利用情报部门的数据挖掘能力和高校高层次人才以及企业的资金，从而提高编研的质量和水平。

（2）不同领域的编研主体共同参与档案编研

要打破档案部门作为绝对编研主体的地位就需要吸收不同领域的编研主体共同参与档案编研，从而形成各个编研主体之间的良性互动，使每一个编研主体的优势都能得到最大限度的发挥。真正意义上档案数据的挖掘与开放应强调各馆之间馆藏资源的合作，维护数据的关联和共享，从而提高数据开发的深度。

合作编研是有利于整合档案文献资源的一种编研方式，它有两个基本特征：首先，在形式上，不仅仅是档案馆独立编研，而是与横向、纵向的档案部门进行合作，实现科学和合理主题的结合；不仅要利用档案馆编研工作人员的专业知识，而且要利用其他档案部门的档案资源和先进技术。其次，在内容上，在档案馆馆藏档案文献的基础上，充分利用其他档案部门馆藏的相关档案文献资源，不仅实现了资源的互补，也更好地实现了合作编研。在档案文献编研工作中，不同档案部门的合作是非常重要的，可以实现群策群力，实现各档案部门档案文献资源的互通有无；不仅可以扩大材料选择的范围，还能充分利用团队优势，顺利合作编研档案精品。

档案编研主体应该是各种不同领域的主体共同参与的。每年归档的档案类型包括纸质、音频、视频以及各种实物，其来源机关也是种类多样，如若只是以本馆之力，或者只与部分党政机关合作编研，那么其成果也会具有局限性，能满足的服务用户也相对有限。档案编研应该朝社会化、多元化方向发展，如此不同领域的编研主体才能在编研工作中提供多元化的思维，从而为档案编研提供主体所需要的各种素养，如与教育部门、各企业、情报部门等合作编研就可获得其中各个部门的主体素养，如教育素养、创新素养、数据素养等，进而为编研工作注入新活力。

（3）不同类型的社会力量共同参与编研

需要各种不同类型的社会力量参与到档案编研工作中，让档案编研能够听到来自社会公众的"声音"，让档案编研能够在更为广泛的平台上提供更好的服务。如今，开放数据运动越来越深入人心，更好地刺激了公众对政府数据资源的需求。档案数据有其特定的属性，不要求所有档案数据都对外开放，但是档案编研作为提供档案利用、开展档案服务的一种方式，本质上就是为了利用，所以用于编研的档案数据可以开放。对于让不同类型的社会力量参与到编研工作中，应该积极地吸收社会力量，在社交媒体或者官网上完善交互平台，向社会大众广泛搜罗编研选题，因为只有让社会力量参与到了编研工作中，才能更好地发挥他们的主观能动性，主动式的参与方式才能让编研工作更符合公众的需求。如今，大数据时代的数据交互技术多种多样，通过技术路径即可实现实时地与公众进行对接，并收集从公众当中获取的零次信息，再经过数据处理后形成较为丰富的数据，从而提供给相关人员使用。由此可见，技术的进步已经让公众的参与形式变得多样，对此，档案部门可积极把握此机遇，通过各种方便公众参与的技术和活动吸引社会力量参与，进而推动编研主体变得更为多样，让最终的成果利用率变得更高。

建立健全专业的编研机构，为档案编研提供制度和组织保障，吸纳更多热爱编研工作、专业研究能力强、具有深厚文字功底的人员充实到工作队伍中来。在健全相关法律法规的基础上，整合社会多方力量，加强交流与合作，走向开放化、多元化，探索共建共享新模式。

（二）推动档案编研工作的客体广泛化发展

编研客体是在社会活动中形成的，具有档案的本质属性之一——原始记录性，这也是区分于其他事物的本质属性。这明确了档案信息资源的重要性，开发档案文献资源，建立档案文献资源共建共享机制，不仅可以实现档案的历史价值、共享档案资源，还有利于编研主体之间的资源互补。

1.编研主题社会化发展

编研的选题工作总是受到时代性和社会发展等因素的制约，于是带有明显的时代特征，好的编研作品一般都会紧紧围绕社会需求，以满足编研者所属阶级的需要为显著特征。

①平衡编研成果主题的分布。随着社会信息化程度的不断提高，档案编研成果社会化已成必然趋势。纵观编研成果，虽大都是经典之作，但在普通群众中受欢迎的较少。长期以来，档案编研成果的传播对象主要是党政机关及科研人员，从编研成果的主题到载体形式较少考虑公众的接受程度，这直接导致了众多出版的编研成果难以亲近普通的社会公众，与其精神文化需求脱节，导致在市场上反响平淡，甚至许多公众根本没听说过这些编研成果。档案馆只要善于留心社会的发展和生产需求的变化，就能从中发现精神文化需求，再以馆藏档案资源为依据，深入挖掘哪些主题是当今时下的热点。例如，我国"一带一路"沿线省市档案馆可以征集与"一带一路"倡议相关的中外交往历史档案，可以以人物、历史文化、地域特色等内容为主题出版编研成果，不仅可以起到资政作用，也可以为公众服务。在调研实践的过程中平衡编研成果主题的分布，可以实现全方位和多层次地为公众服务。

②策划贴近民生的编研主题。深度挖掘档案文献资源，选择具有强烈的时代精神的主题，不仅要体现编研主题特色，还要契合民生。要加大对社会和人民民生问题的关注，从经济、教育、科研等多个角度再现历史，选择贴近人民生活的主题。

③探索符合社会热点的编研主题。编研成果的主题是当下社会热点话题的反映，主题应与当代社会密切相关，特别关注经济社会发展的热点事件。作为信息生产的主体，新媒体和5G网络的发展解决了文件传播缓慢的问题。编研成果突破了时间和空间的限制，可以在任何时间和地方给公众利用。因此，受媒体融合的影响，编研工作在起始环节——主题的选择开始就应当思考如何留住档案用户，如何抓住社会热点，编研主题不能只靠题目博人眼球，而是在提升档案编研内容的质量的基础上，实现编研成果即时性、创新性、真实性。可以通过新技术来对社会热点进行捕捉，自动筛选符合主题的特色档案资源，使编研主题紧随时代潮流。

2.编研选材载体多样化发展

如今，我国档案编研选材主要以纸质材料为主，以数字化形式挂接在网上或者是社交媒体上的编研成果也主要是以JPEG的格式存放，无法进行数据化的开发利用或是进行分析处理，将其转化为机读数据也十分困难。传统环境下，电子档案进行归档后还要存一份纸质材料档案，这容易造成大量文件的冗余，也让档案的编研选材载体在选择上具有局限。如今，大数据时代，电子档案大量产生，档案"单套制"势在必行。近年来，随着无纸化以及办公自动化软件的推广，电子档案将会海量增长，如此更是加速了档案管理向"单套制"方向发展，越来越多的电子档案也为编研的开展提供了更多以电子形式存储的选材载体。大数据时代，文档数字化的转型已经得到了升级，已经上升到了更便捷地整合和共享数字信息和服务这一更高级的阶段。

随着档案进行数字化转型，档案的编研也随之进行转型，档案编研在选材载体上可以是多种不同类型的成果形式，传统的纸质载体的编研成果可以以精品的形式存储在馆内，其余编研成果主要以数据化的形式通过互联网、社交媒体进行广泛传播。以数据化形式为主的编研成果具有不受时空限制的优点，可根据用户需求随时随地进行网络传输，提供编研服务。

3. 编研内容多样化发展

传统的选材大多依赖于某一档案馆的馆藏内容，通过对馆藏信息的深入发掘，达到编研加工成系统知识的目的。

信息时代，馆藏档案的来源变得更为丰富多样。各种不同形式的档案以数据的形式存储在各企事业单位甚至是互联网的节点上，使档案编研选材只选自本馆的局面改变，从而也使档案编研选材内容在来源上可供参考的对象变得多样化，档案编研人员可以在网上进行档案编研选材内容的收集，从而全方位、高效率地获得更为优质的选材内容。此外，通过数据挖掘和数据分析技术可以把海量数据中隐藏的数据知识挖掘或者揭示出来，再通过分析了解公众的爱好和需求，从而根据公众的爱好和需求选取相应的档案编研选材内容，为公众提供精准的信息、优质的档案知识，实现大档案大服务。

（三）推动档案编研成果的多样化发展

档案编研成果就是档案部门根据需要开发档案信息而形成的系统、类型和结构不同的二次或三次档案信息成果。根据信息加工方式来进行分类，档案编研成果分成汇编型、摘要型、编译型和著述型四种类型；根据编研成果的作用又可分为报道型、资料型和研究型等三类；按照编研主体的编研方式可分为独编型、合编型、代编型、混编型四类。档案编研成果的开发工作要遵循一定的原则进行，根据一定的选题来制订编研方案、搜集档案信息、筛选与加工、审校与评价等，以控制档案信息，提高档案信息质量。现在档案编研成果更多还是基于新媒体技术来进行开发，要综合运用多种载体和形式，使公众对编研成果能够拥有较强的体验感，吸引更多的档案用户，以史为鉴，服务于民。

1. 编研成果类型多元化

档案开发主体要丰富档案编研成果的类型，可增加声像类档案编研成果的数量，并用新颖的表现方式呈现档案内容。如今，档案编研成果主要以纸质出版物为主，形式单一，容易造成公众使用不方便。大数据时代，数据资源量巨大，并且提倡数据挖掘、数据分析，而纸质编研成果其数据化开发的难度和成本都极高。档案编研的数量越大，种类越多，可供发挥提供利用的空间也会越多。如今，档案数据量超越了预计的范围，但是其编研成果类型较单一，因此，促使编研成果类型多元化显得尤为必要。

伴随着全国各级各类档案馆新馆的建设以及原有馆室的扩建，档案馆馆藏的容量以及数字化的程度都将获得质的提升，伴随着文件"单套制"的广泛推行，在今后的时间内，档案馆通过归档、接收移交进馆的档案在数量上会轻而易举地达到 PB 级海量数据，伴随着数据量的增大，档案在类型上也将会是多元化的，除保留现有的纸质、电子文件、声像甚至实物档案外，又带来了各种不同的电子档案。

档案编研作为凝结着人类智慧结晶的产物，取材于档案，并且也会随着档案类型的发展而变化。首先，纸质档案编研成果依然还会在相当长的一段时间上存在，虽说我国近年来档案开始推行"单套制"，但是依然还有部分档案以"双套制"形式继续存在，纸质编研选材也不会马上消失。再者，纸质档案编研成果经验丰富，也可为大数据时代不同格式的编研提供经验。随着信息社会的发展，纸质编研成果将会逐渐减少，但是纸质编研成果日后会以精品的样式存在，提供给一些有特殊要求和不同兴趣的公众使用。其次，编研成果以电子产品和网络产品的形式存放在各类网站、社交媒体上。相比较于传统时代，编研成果将不再只是将纸质编研成果进行数字化扫描后挂接在网站上，而是以数据化的形式存储于互联网或是社交媒体网络平台上供用户随时随地应用，并且也可供用户对编研成果进行数据挖掘，以便深层次地开发利用。通过对编研成果进行数据化转录和数据挖掘并将其存放到档案云平台上，形成各种不同类型档案编研的专题数据库，由此，将会极大地方便公众获取编研成果，从而推动档案的增值。

2.编研成果展示渠道多样化

拓宽受众观展渠道，线上线下并举。首先，对档案展览内容进行系统的分类，栏目设置简洁清晰，界面设计要突出地域特色，可加入一些具有代表性的历史文化符号。其次，工作人员要实时更新网上展览的内容，注重公众的留言、提问等，及时反馈。最后，除了多媒体技术外，目前3D动画技术、虚拟漫游技术等已经应用于网络档案展览。随着5G互联网时代来临，VR技术也将进一步发展和推广，公众可通过移动终端跨越时空限制，快捷方便地访问档案馆，感受全景式档案展览。因此，档案馆可以与地方档案机构跨地区合作，运用VR等技术将既有的线下优秀展览内容数字化，实现档案线上展览。

3.编研成果利用渠道多样化

只有将档案编研成果真正利用起来，才能创造更大的社会效益和经济效益，避免编研成果束之高阁，因此还要拓展档案编研成果的宣传推广渠道，从而形成正向循环的档案编研。

档案馆编研成果在提供利用方面主要以直接进馆利用为主，其利用形式复杂，进馆手续烦琐。大数据时代，网络和各类社交媒体迅速发展，但档案馆在应用新技术方面显得有些滞后，依然存在着新技术日益成熟与技术应用不充分的现实矛盾。档案馆有了应用网络和社交媒体拓宽档案编研成果利用渠道的意识，但是在应用程度上依然不够充分。信息时代的数据总量越来越大，数据的价值密度也变得越来越低，数据信息爆炸式的增长容易让人们产生信息倦怠，"读图时代"和"浅阅读时代"的兴起让档案从原有的纸质、声像、实物等档案类型扩展到各式各样的数据类型。随着数据的不断增多，数据的类型也会随之不断增多，日后组成档案数据的也会是各种不同类型的异构化数据。随着数据类型的增多，各种数据以不同的形式保存在档案馆中，从而也要求档案编研成果利用渠道变得多样化。

编研成果利用渠道主要表现在以下几个方面：首先，数字化技术即将打破原有的编研成果以纸质编研成果为主的局面，数据类型的编研成果可通过编研大数据平台实现成果的共享与使用。大数据时代的数字化编研成果可通过网络拷贝共享并可以进行数据挖掘，并且以数字化共享的形式发布过后也可通过各自档案馆的官方网站、社交媒体、App等各种移动客户端得以传播。其次，编研成果阅览方式视觉化。大数据时代，随着数据规模的不断扩大，对信息获取的难度也随之增大，以社交媒体中的微博为例，微博账号每天传递的信息有上百条，利用微博传递信息不仅要求图文并茂以"吸引眼球"，更要对每一条提供的信息进行高度的概括，以实现利用者能快速地捕获信息。因此，档案馆通过社交媒体传播档案编研成果时不仅要"博人眼球"，还要高度概括编研成果的信息，打破编研成果利用渠道单一性的局面，让用户能获得更好的体验。

4.数字型编研成果加快发展

随着人们精神文化生活水平的不断提高，档案文献编研成果与媒体联合具有极为广阔的前景。近年来随着国学热不断升温，中央电视台、北京电视台开设了《国家宝藏》《我在故宫修文物》《国宝档案》等栏目。档案馆可以此为切入点，挖掘档案资料，以档案文献为素材，综合运用各种类型的档案资料，使编研成果集文、图、声、像于一体开发系列编研成果，提升档案文化价值。编研成果可以通过与媒体合作，以相关编研内容的档案为来源，制作电影、纪录片、连续剧等，用公众喜闻乐见的方式呈现。依托强势媒体，编研成果的覆盖面可以日益扩大，编研成果与影视等现代传媒牵手的成功，形成丰富的数字型档案编研成果。公众可以对数字型档案编研成果进行沉浸式体验，这也将成为档案编研成果的发展趋势。

在编研成果的出版载体上，应突破传统的印刷出版模式，实行数字化的出版方式。大数据、云计算、人工智能等技术的出现，直接推动档案数字化进程，目前档案编研工作诸多环节已由计算机操作实现。在此背景下，档案文献编研工作应使用数字化编研，借助数字化手段加工档案文献，开发出高质量的编研成果，实现编研成果由传统向数字化转型，增加数字型档案文献出版物，及时更新档案网站中的编研成果，将立体化的编研成果呈现给公众。例如，利用数据库技术对已出版的档案编研成果建立"一带一路"倡议档案文献编研成果的专题数据库，数字扫描技术实现档案文献编研成果的数字化，并提供相应的目录检索和全文检索，使公众通过档案网站即可直接阅读编研成果。档案馆还应积极运用现代化技术创新编研成果的展现形式，通过电子图书、电子期刊等形式为网络阅读提供可能。这类编研成果打破了传统纸质编研成果的局限，网罗了馆藏档案之外与"一带一路"倡议有关的各种载体材料，经筛选和汇总数字型编研成果，可以多层次、多角度地反映主题，制作出精良的数字型编研成果。

（四）推动档案编研工作的服务优化

1.推动档案编研工作者的发展创新

新时代给档案管理工作和编研活动提出了更高要求，编研工作者应该继承并发扬优秀的学术精神，始终热爱祖国，心系人民，恪尽职守，严谨求实，不忘使命，时刻保持头脑清醒，看得更长远，想得更深刻，主动发挥职业优势，将提高个人能力与志书质量统一起来。同时编研工作者应积极主动地从传统思想中承袭理论精髓，应用到新时代档案编研工作中，认识其存在局限的必然之处，有助于大众主动破除种种陈旧观念和门户之见，避免遵循旧原则和旧模式，助力编研工作的高效开展。编研工作者要做到牢记档案工作的政治属性，提高政治站位，将党的领导贯穿档案编研工作全过程和各方面，从而确保方向正确；密切关注公众信息需求的变化，准确把握社会热点，在选题上既要服务党和国家的发展大局，又要满足社会大众的实际需求，立足社会痛点和堵点问题，充分发挥档案编研成果的资政、存史和教化作用。编研工作者也应增强敏感力，与时俱进，实事求是，积极应用新技术和新方法，推动编研工作自选题至编研方式、成果质量和形式、传播力和影响力等方面的整体提升，积极探索档案编研工作高质量发展的有效策略，更好地挖掘档案资源，发挥档案价值，丰富档案学科的内涵，增强档案学科的向心力、凝聚力和归属感。

2. 推动档案编研服务对象的广泛化发展

档案编研所提供的服务对象可以概括为提供给本单位使用和提供给社会利用两方面，然而档案馆档案编研的内部出版成果种类远多于外部出版，对外公布的编研成果中利用渠道复杂也造成了公众与编研成果的疏远。我国的档案馆馆藏多为各地区经济、民生、文化、历史等档案类型，比较具有地方特色，然而我国的各省级国家档案馆的编研有些还是围绕历史、政治等选题展开，因而服务对象除了自身之外也只包括了学者和研究人员。大数据时代提倡数据的开放、共享，编研服务对象的辐射范围也应该扩大，档案馆要发挥出各自的馆藏特色，开展面向公众、面向需求的编研，从而让编研的服务对象面向全体公众。

（1）服务对象范围扩大

在档案编研选题上各馆大多数都围绕大事记、历史等选题展开，涉及经济、文化、民生类的编研较少，甚至一些档案馆为了应付检查和个人利益而进行编研，因此，也导致编研服务对象限制在了本单位或是党政机关和一些学者，从而也让普通公众与档案编研的距离变得疏远。作为省级国家档案馆与其他级别的档案馆不同的是，各个省级档案馆馆藏包括了该地区有关经济发展、民风民俗以及资源状况等各种类型的档案，因此，在编研时各省级档案馆可以多发挥各省的个性，编研可取材于各省、自治区、直辖市人民群众所关心的核心痛点问题，让编研汇集普通大众。档案编研所依靠的资源不仅仅来自馆藏档案，更来自用户在检索利用中产生的数据和整个互联网的数据。档案馆通过数据挖掘、数据分析技术就可根据用户的检索痕迹、用户个人信息了解到用户喜欢什么样的档案编研成果，只有经过了数据挖掘与分析，才能得出更有力、更具针对性的参考，从而根据数据分析的结果得出最终的编研选题、选材，从而让编研成果更为符合大众的需求，不断扩大编研服务对象的范围。

此外，网络的飞速发展、社交媒体的广泛应用，为公众利用编研成果提供了众多方便快捷的方式，因而编研的服务对象又多了网络用户。公众通过上网就可利用到相应成果，具有超越地域和空间限制的优点。当前网民数量增多，任何的网民都可进入档案馆网站利用编研或是咨询服务，无论是个人还是团体组织，都可成为利用档案编研的档案用户或是潜在用户。

（2）档案编研更注重服务对象的需求

档案编研与服务对象需求契合度之间存在矛盾，即一些编研成果不符合公众的需求。档案的编研作为提供档案利用的手段，本质上就是为了提供利用的，因此，要面向用户的需求多编研符合广大公众需求的编研成果，积极提供利用。再者，部分档案编研的主要任务仅满足于完成上级指标，基本停留在低端汇编上，如文件汇编、大事记等，因而对于公众的需求就不能很好地满足。

档案编研可以通过数据分析和数据挖掘根据公众的浏览痕迹、访问量等各种指标了解到公众的需求，从而让编研能够合乎公众的口味，因此，要明确何种档案需要编研，何种档案不需要编研，对于传统时期的各类文件汇编、档案馆指南、大事记等供内部使用的低端编研成果则可以通过云存储技术建立各类专题数据库，根据指令集就可以将这些汇编的成果显示出来，从而也可节省人力物力，将主要的精力都放在真正需要编研的、符合广大公众需求的选题上。

大数据时代的档案编研，要求档案馆把"开放"作为重要行动指南，转变编研工作思路和理念，不断强化开放意识，并在开放中协作、在协作中更加开放，主动为社会利用者提供更有意义、更符合需求的编研成果。因而，档案馆在编研上通过注重并满足服务对象的需求，通过在编研主体上开展联合编研，吸收来自公众的力量参与编研，了解公众的需要，找到公众都关心的社会编研选题，客体上通过网络社交媒体等方式丰富公众利用编研的手段和体验方式，从而让编研成果达到"亲民"的效果。

第七章　档案管理工作信息化建设

随着信息技术的不断发展与应用，档案管理工作也通过信息化建设得到了较大的提升。档案管理工作作为一项重要的管理工作，对于保证政府、企事业单位以及个人历史信息的准确性和完整性，具有重要的现实意义。本章围绕档案管理工作的发展趋势、档案管理工作信息化建设的意义、档案管理工作信息化建设的策略三方面展开。

第一节　档案管理工作的发展趋势

一、档案管理模式趋向一体化

（一）文档管理的一体化

所谓文档管理的一体化，是以建立在文书和档案工作基础上的全局观，对文件从制发到归档的整个过程进行管理，以求文件和档案管理合二为一。也就是说，将现行文件的产生、归档及档案管理纳入一个管理系统，用统一的工作方法、制度、程序对其进行管理，而不再将文件和档案置于两套不一样的管理系统，这样可以避免不必要的劳动，大大提高管理工作的效率。

上述内容的实现得益于办公自动化的普及、计算机技术的发展以及档案管理网络化的发展，这些为文档管理一体化的实现提供了技术支持。随着办公自动化的普及，人们起草文件可以不在纸张上了，利用计算机就能快速、简洁地完成传输。完成上述任务后，再考虑对文件进行何种处置——是销毁还是保存，可见，这时的文件与档案之间已经不是那么泾渭分明了。在文档管理一体化的条件下，人们可以利用系统随时对处理完毕的文档进行归档，而不是像传统的管理模式，需要耗费较长的时间、较多的人力来进行归档整理，这时的文件管理和档案管理处于一个管理系统，并对不必要的、重复的劳动进行了删减，工作效率自然而然得到了提高。

文档一体化系统是实现电子文件全过程管理和前端控制的重要平台。在文档一体化系统中，电子文件的产生、运转、归档管理等都被纳入了控制和管理的范围之内。不仅如此，在整个系统刚刚开始设计时，档案人员就已经参与其中，因而整个系统更能够体现文件的档案化管理思想，也更能保证电子文件的真实性和完整性。

（二）图书、情报、档案的一体化管理

一般情况下，我们将图书、情报以及档案视为三个不同的个体，它们各自有各自的特点：图书具有比较系统的知识体系，情报是用来消除不确定性的特定信息，档案是记录人们社会活动的原始信息。虽然特点不同，但是三者可以在功能上互相弥补。尤其是在信息技术飞速发展的今天，三者之间的联系更加紧密，正在逐渐走向一体化管理。图书、情报、档案一体化的管理模式具有突出的优势，首先，可以提高信息的综合度，充分组织和开发利用各类信息资源，满足生产、生活、领导决策和文化传播综合、集成的信息需要。其次，可以优化单位的资源配置，实现资源共享。近年来，许多大型企业在以前图书室、资料室和档案室的基础上进行资源重组，建立了企业信息中心，对图书、情报和档案实施一体化管理，将它们纳入统一的信息管理系统，能够充分利用各类信息资源，实现资源共享。最后，图书、情报、档案的一体化管理适应了社会信息化和数字网络环境对于各类信息综合集成的管理需要和利用需要。在信息网络环境下，图书、情报、档案等各类信息资源将不再是界限分明的孤岛，而是相互渗透、相互连接的信息集成。

如今，科学技术飞速发展，网络技术、计算机技术、通信技术都呈现猛烈发展的势头，因此两个"一体化"管理的趋势也越来越明显，这就对档案工作者提出了新的要求，即实现纵向和横向的立体发展。所谓纵向，具体而言是指加深对文件管理理论、方法等的认识。所谓横向，是指档案工作者要加强对图书、情报工作相关知识的了解，因为档案与图书、情报之间有着非常紧密的联系，对图书、情报有一定的了解，才能使三者处于一体化的有序管理之中。

二、档案信息资源体系面临重构

如今，随着网络信息技术的不断发展，信息技术在一定程度上影响了各行各业的发展，涌现出了越来越多的新知识、新事物、新情况，信息技术在推动行业转型升级的过程中发挥着越来越重要的作用。对档案领域而言，未来信息技术将会与档案管理工作密切结合，在推动档案管理工作信息化建设的过程中，档案信息资源体系也面临着重构。随着国家对档案管理工作信息化建设的重视，出台了

大量针对档案管理工作信息化的政策和法规，积极推动档案管理工作在理念、技术、方式、方法、模式等多个层面的创新发展，为档案管理工作注入了新的活力，同时也加速了档案管理工作由原来的实体管理向信息化管理的转型。未来的档案管理工作将从原来的纸质资源开发利用逐渐转向数字档案资源开发利用，相应地也影响了原来的档案资源体系。

三、保障档案信息服务质量与安全

在推动档案管理工作信息化建设的过程中，效率与安全是档案信息服务的一体两面。一方面，推动档案信息化建设就是要对档案信息资源进行有效整合，实现对档案信息资源系统的开发，进而通过平台和渠道为各类服务对象提供"协同服务"和"一站式服务"。另一方面，随着服务效率和服务质量的提升，也相应地带来了一系列的信息安全问题和风险，集中表现出动态泛在性、综合交叉性、风险集群性等诸多特点。因此，在信息安全的大背景下，要从技术开发、法律法规、档案管理、人员教育培训等多方面做好档案信息安全工作，使档案信息安全覆盖档案信息收集、整理、存储、管理、传播、利用、开发、共享等全过程。档案信息化建设符合国家信息化战略的需求，同时也有助于推动档案信息资源共享，更好地发挥档案信息资源的价值和作用。计划经济时代档案信息资源开发处于封闭状态，档案信息只服务于政府相关部门，而随着信息技术的不断发展，需要档案信息扩大服务范围，这就要求各级档案管理部门转变传统的管理思路，更新服务理念，拓展服务范围，以为广大人民群众提供更广泛、高质量的档案信息服务为出发点，进一步提升档案信息服务的质量。

四、档案管理手段趋向数字化和网络化

21世纪以来，科学技术飞速发展，计算机技术的发展也是突飞猛进，开始渗透于社会的方方面面，档案管理的手段也因此发生了变化，逐渐摆脱了过去的手工管理，开始趋向数字化和网络化。所谓档案管理的数字化，是指借助计算机技术等现代信息技术，直接生成数字档案信息，或通过数字化技术，将存储在传统介质上的模拟档案信息转换成数字信息，便于档案信息的网络传输和共享。数字化档案的产生主要有两个渠道，一是在数字网络环境下（尤其是在办公自动化环境下）直接产生大量的电子文件，通过在线或离线方式归档以后转化成电子档案；二是通过馆藏数字化，将原来存储在纸张、缩微胶片、唱片、录音带、录像带等载体上的档案信息通过数字化处理后转换成数字信息，形成电子档案。数字

化档案是实施档案网络化的必要前提。近年来，互联网覆盖的范围越来越广，档案管理网络化已经成了不可逆的趋势。所谓档案管理网络化，是指借助网络这一平台完成对档案信息的接收、传递、整理等工作。可以看到，随着档案管理的数字化和网络化趋势的加强，档案管理工作减少了很多重复的劳动，大大提高了工作效率，也使得人们对档案信息的利用更加方便、高效。

五、档案信息资源共享与社会参与得到强化

如今，在推进档案信息化建设的过程中，如果仅仅依靠政府相关部门和档案管理部门的力量，难以完成档案信息化建设的各项目标。特别是在"共建、共享、共治"的社会治理格局下，需要通过建立相关的政策机制，鼓励和支持社会力量参与档案工作创新，进而实现档案事业发展向现代化迈进。从政策层面看，无论是新修订的《中华人民共和国档案法》，还是政府出台的相关配套指导意见，都明确提出了在推动档案工作中社会力量参与的重要性和必要性。由于当前在档案信息化建设过程中，相应的配套机制不够完善，支持体系不够系统，在一定程度上影响了社会力量参与档案信息化建设的积极性和主动性。但随着各级地方政府以及档案部门对于档案信息化建设的不断重视，随着制度体系的不断完善，以及通过法律形式明确社会力量参与档案信息化建设的范围、形式、权利边界和具体要求，社会参与将会成为档案信息化建设的重要推动力量，同时也有助于档案信息资源的共享和开发。未来随着各项政策机制和法规标准的不断落实，将会为档案信息化建设提供更为强有力的政策支撑，同时也能够为档案信息化建设提供更为全面的法律保障，在良好的政策环境和外部环境支持下，社会力量有理由，也有信心参与到档案信息资源共享与开发之中。

六、档案馆的公共性和社会化服务日益突出

档案馆是我国档案工作机构的重要组成部分，是法定的保管国家档案资源的机构。作为一个科学文化事业机关，档案馆肩负着社会化服务的功能，可是在过去的很长一段时间内，档案馆的这一功能都没有得到充分的发挥，更多的还是充当着党和政府机要部门的角色。随着我国社会主义事业的建设和发展，政府职能逐渐转型，公共管理这一职能越来越受到重视。在这一举措的推动下，档案馆的社会化服务功能也得到了拓展，更多的公共档案馆开始走入人们的生活中，人们对于档案馆不再陌生，不但对其认识加深，而且也普遍认可。公共档案馆由国家设立，其宗旨是面向社会和所有公民提供全方位的服务，其馆藏主要是国家机构

和相关组织在公务活动中形成的公共档案以及其他反映社会各阶层活动的档案材料。档案馆的服务对象是全体公民，并为利用者提供良好的环境。

长期以来，我国各级国家综合性档案馆在馆藏结构和服务对象等方面的定位是以党和政府的机关部门为主，馆藏档案以各级党和政府部门的文书档案居多，而科技档案以及记载当地社会团体和公民的档案较少，加上档案馆封闭的服务方式，使档案馆与社会公众之间存在一定程度的疏离。因此，只有在改善馆藏机构，丰富馆藏内容，加强档案馆社会化服务功能的基础上，才有可能使我国的各级国家综合性档案馆真正发挥公共档案馆的职能。

第二节　档案管理工作信息化建设的意义

一、改变传统的档案管理工作模式

档案管理信息化不是单一的一项技术，而是将信息技术、大数据技术、互联网技术等融合在一起，并依据单位档案管理服务需求，提供切实可行的档案管理新方式。传统档案管理模式下，工作人员将大量精力耗费在档案收集工作上，没有多余的时间去分析档案数据。档案管理信息化时代来临，使档案管理人员开始有目标地整理档案资源，深度分析档案资源利用各环节的问题，改变了落后的工作模式。档案管理部门通过制订相关的解决方案，加大信息设备的投入力度，配备现代化的档案管理系统，在办公自动化的基础上，探索档案收集工作的线上线下协同模式，加快档案管理工作信息化建设的步伐。

二、促进档案智慧管理的实施

相较于传统的档案存储方式，档案管理信息化建设能克服纸质档案存储难、易丢失、难查找的缺点，确保档案存储的完整性和安全性。大数据背景下，档案管理信息化建设不仅对保存档案数据、发挥档案信息价值具有重要作用，而且提高了档案资源利用率，实现了档案资源跨界、跨行业、跨地域管理，高度整合了现有的档案资源，促进了档案资源信息的共享，实现了档案的智慧管理。随着档案管理工作信息化建设的深入，档案资源壁垒逐步被打破，档案信息快速流转融合的步伐进一步加快，档案管理工作信息化建设将会持续深入，档案资料的查询也将更加智能高效。

三、提升档案管理工作的效率

传统的档案管理方式是以人力为主的，储存和查询都需要通过人工的方式进行，工作步骤较为烦琐，长期下来，容易出现工作失误，影响档案的真实性和有效性。但是，使用现代手段可以有效提升档案管理效率，保障档案的真实性和有效性。使用数字化手段将纸质、音像档案进行信息化处理，再使用计算机进行档案归类、整理，使工作人员的工作效率大幅度提升，同时减轻了工作人员的工作压力，减少人工操作的步骤，从而避免工作失误的出现。

四、提高档案管理的现代化水平

档案管理工作信息化建设的推进，有助于提高档案管理的现代化水平。以往，由于多以纸质版档案为主，致使管理者常通过人工分类、整理、归档等方式对其进行有效管理。虽然传统管理模式确实能够实现档案信息的合理保存与利用，但在便捷性和实效性等方面多有不足。信息化管理模式的应用，可在加快档案信息化建设速度的同时，使其实现现代化发展，继而提升档案管理工作的效果。基于此，信息化管理既能实现档案信息的完整性保管，又能适当缓解管理者的工作压力。

五、实现办公与档案管理一体化

产生的大量办公文件与档案管理息息相关，需要及时整理、提交和归档，然而运用传统的档案管理模式已经不能适应发展的要求。通过利用专业的档案管理系统，可以将办公基础工作、档案整理工作与档案管理信息化系统做到科学的结合，真正实现办公与档案管理一体化，提高档案管理工作的效率。

第三节　档案管理工作信息化建设的策略

一、档案管理工作信息化建设遵循的原则

（一）效益统筹原则

纸质档案实现信息化管理需要投入大量人力、物力、财力和技术。因此，在档案信息化建设中，档案管理部门要严格遵循效益统筹原则，统筹安排，做好纸质档案资料的精准迁移，提高工作效率。档案管理部门还要从自身的发展需求入手，通过全面研究、深挖需求、分析总结等方法，重点解决优化中的实际问题，为档案管理工作信息化建设铺平道路，提高建设效率。对于大型档案信息化建设

项目，档案管理部门要以低投入、高产出的投资理念来开发信息化项目，创造高经济效益，带动其他项目的发展。

（二）技术合理原则

档案管理工作信息化建设过程中，应选择适合的技术平台，并且与专业技术团队合作进行信息化建设。一方面，所选择的技术方法应能保证机构可以提取所有的档案资料，同时保证实现电子目录信息的及时转移。另一方面，档案管理人员要充分考虑今后档案信息资源的利用问题，在新技术应用过程中要做好档案资料的备份工作，避免系统收集过程中出现档案资料丢失、缺漏等现象。

（三）需求引领原则

档案管理工作信息化建设的一个主要目的是提升档案服务效率，因此档案工作信息化建设推进过程中应以需求引领发展。一方面，选择为人熟知的网络操作界面，通过设置用户登录权限，随时随地方便各部门人员查询利用档案资料；另一方面，设置用户使用反馈平台，及时反馈档案利用过程中存在的不足和问题，方便改进，切实满足用户的需求。

（四）安全应用原则

基于档案管理工作的特殊性和互联网信息技术的"不安全性"，在档案管理工作信息化建设过程中需要加强保密管理，提升档案利用的安全性。档案管理工作信息化建设应符合《中华人民共和国宪法》和《中华人民共和国保守国家秘密法》等法规对公民保密义务的规定。档案信息管理系统通过防火墙设置等具体手段，完善档案保密措施，在保证档案利用服务效率的基础上，实现档案资源的科学利用。

（五）有效推进原则

档案资料的久远性和巨量内容，决定了档案信息化的全面完成将会是一个漫长的过程。为了能够一直推进档案管理工作信息化建设项目，不出现后期乏力等不利状况，需要对档案管理信息化工作制定各个阶段的目标任务，分化细分，分段总结，推进整个档案管理工作信息化过程的行进速度。此外，还需要分析现有档案资料的未来利用方式和利用率等方面，在进行电子文件转换工作时做出合理的先后排序，以便能够更快地将更需要的阶段性成果投入使用，体现信息化的作用，推进档案管理工作信息化建设的前进。

二、档案管理工作信息化建设的策略分析

（一）树立档案信息化观念

需要充分认识到档案信息化管理对于实际运营和发展的重要意义。只有重视档案管理信息化的价值，才能够从根本上做好档案管理信息化的工作，也只有这样才能在档案管理工作信息化建设过程中投入足够的资金。档案管理工作信息化能有效保存历史档案信息，给领导进行决策或者制定相关规定提供参考和建议，让单位实现更好的发展。一方面，应当保障档案管理部门的资金，在这方面做好相应的资源倾斜，让单位能够完成软硬件设备的更新与配备，进而为档案管理工作信息化的建设打好基础；另一方面，应当注意有意识地定期对档案管理系统进行更新，保证系统信息和实际需求是相契合的，进而保证系统数据是安全和有效的，使信息化在档案管理工作中发挥最大的作用。同时还要关注信息系统的实际使用，提升其利用率和应用的效率，让其价值能够显现出来，进而提升档案管理信息化工作的实效。

1. 转变观念，提高档案的信息化意识

观念转变是档案管理工作信息化的前提。如果不具备信息化的意识，那么其他工作就无从谈起。目前，先进的科学知识与技术手段的广泛运用，使档案管理工作融入信息社会的步伐大大加快。办公自动化、无纸化使档案的生成方式数字化，数字档案的形成为档案管理工作信息化创造了条件，档案管理人员可以利用计算机技术、网络技术，对档案信息资源进行共享。这些变化要求档案管理人员对旧的思想观念进行转变，认清档案信息化是档案管理工作发展的必然趋势，档案管理工作信息化必然会在一定程度上取代传统的档案管理工作模式。

档案管理工作是一种服务性工作，受到档案利用者需求的制约。现代社会，档案信息需求者对档案服务提出了更高的要求，即"快、准、精"。要为社会各界提供优质高效的档案服务，档案管理人员必须与时俱进，不断更新服务观念，创新服务理念，适应新的服务需求。这样才能跟上时代发展的步伐，不断拓展服务领域，提高服务质量，才能使档案管理工作信息化建设具有生机和活力。

2. 加强宣传，吸引领导对档案信息化的关注

档案管理人员有了信息化的思想还不够，还要加强宣传，让领导懂得档案管理工作信息化的重要性，认识到开发档案信息资源、档案管理工作信息化是进行科学决策和管理的需要，是市场竞争的需要，并且不能光说说而已，需大力投入

资金，协调各部门全力支持档案管理工作信息化建设。同时，档案管理人员也要积极投入档案管理工作信息化建设的开发工作中去。

领导要认识到档案信息化是实现科学决策和管理现代化的需要，档案管理工作信息化的目的在于提高效率，提高领导决策和管理水平。应以最小的投入获取最大的效益为出发点，建立一种适应社会主义市场经济新秩序的具有规范化、程序化的档案法规体系。领导要认识到开发档案信息资源是自身科学决策和管理的需要，认识到建设一支档案信息化人才队伍是档案管理工作信息化的客观要求。

任何一个档案信息系统的建设，都不是哪个部门能够独立完成的，它需要高层领导的协调、各部门的组织和参与，需要一个有力的组织保证。一般来说，各个部门提出要求，进行用户需求统计及分析，然后由档案信息系统部门进行开发、集成，再向领导提出决策。

3.更新服务观念，提供全面有序的服务

保存档案的最终目的是提供利用。信息技术为档案服务提供了便利条件，信息化管理大大地提高了工作效率。一份文件可同时供多个利用者共享电子档案，可以通过局域网实现网上实时借阅等。档案管理工作者要进一步更新服务观念，根据生产经营需要，及时将相关信息配置在工作的各个环节，提供全面有序的档案管理信息服务。

在现代信息社会，能否系统掌握、高效利用各种信息，关系着事业的成败。档案信息作为信息资源的重要组成部分，是吸收前人经验教训的历史凭证，它日益成为工作中一种重要的信息来源。所以，档案管理工作者应提高辨别水平和处理能力，增强开发档案信息资源的意识，满足社会各界对档案信息的需求。

（二）优化档案管理平台建设

与传统的档案管理方式相比，档案管理信息化对人工的依赖性并不强。档案管理工作信息化更强调技术与平台的支持。所以，档案管理工作信息化创新发展阶段，必须优化平台建设，以构建集成化、全面化、动态化的档案管理平台。从现实角度来看，政府部门、企事业单位的档案管理需求并不完全相同，档案资源的类型、数量、管理标准也存在差异，所以在构建档案管理平台时要"因地制宜"，重视个性化设计，保证档案管理系统的实用性。

在实践中，可基于档案管理工作的现实需求打造智慧档案管理平台，可采用分层管理技术、模块化设计理念，打造与自动化办公系统相连的线上管理平台。

例如，打造具有人机交互功能，以及智慧采集、管理、储存、移动服务功能的档案管理信息化平台，在平台内部设置多个管理模块：①人机交互模块，设有管理者和使用者两个入口；②档案归档模块，设置多个子系统，为不同载体的档案归档提供支持；③档案管理模块，提供电子档案数据库以及档案实体管理服务；④档案储存模块，设有云储存以及电子档案长期管理子系统；⑤移动服务模块，提供档案查询、展示、共享服务。

（三）灵活应用网络平台技术

1.创建大型档案网络数据库

在信息化时代，创建大型档案网络数据库是实现档案管理工作信息化的必要路径。在数据库技术、系统模块构建技术的支持下，构建一个内容齐全、检索便捷高效的大型档案网络数据库，对不同身份的人员设置相应的权限，既便于读者快速精准地查询需要的电子文献资料，又能够实现档案管理工作人员对各类文献资料的在线化、集中化管理。这有利于提高档案管理工作的效率，降低档案管理工作的出错率。另外，大型档案网络数据库可以清晰直观地反映出各类文献资料的检索率、借阅率等，帮助档案管理工作人员做出明智合理的决策。

2.利用网络动员社会力量参与档案管理工作

档案管理工作是一项工作量庞大、工作流程固定的大型项目，单纯地依靠工作人员采集、梳理、归类及管理文献资料信息是不现实的。因此，要学会通过网络动员对档案管理感兴趣的人员参与一些非重要文献资源的管理工作，如档案编目、图片识别与标注等。这不仅能够有效解决档案管理部门人才短缺的问题，也能够进一步扩大档案管理部门的影响力。

（四）加强资源整合与标准化建设

目前，档案信息化管理缺失完备的规范标准，需构建健全相关体系，重点围绕制定出有针对性的信息化标准体系、制定出可操作性的档案共享标准体系两个方面，具体介绍如下。

1.加强档案信息化资源整合与共享管理

档案信息资源建设是档案管理工作信息化建设的核心内容。需凭借既有的各种类型的档案资源、信息化技术与手段，制定出可操作性的档案共享标准体系。通过标准化的体系，减少操作差异。可充分运用先进的信息化技术便捷地实现档案管理工作的信息化，使其统一性得以增强。档案业务基于信息化情境需要围绕档案信息资源这一核心有序地开展。需要加强档案信息资源的建设，有序开展数字化等基础性业务，同时做好开发与整合信息资源等工作。

一是整合现有优势资源。可以在有效分类的基础上，针对不同类型的档案制定行之有效的标准规范，在分类管理、信息化采集、精准查找等方面实现标准化，进而通过标准化实现各类档案资源的全品类、全过程管理。

二是加快推进档案数字化进程。档案信息化管理应以有效运用与合理追求效益为核心，立足实际，拥有前瞻性视野，同步推进档案的数字化建设，构建相应的目录。对形成档案信息机构的主体性责任加以强化，尤其针对增量档案依据"产生者承担责任"的相关原则，加快信息数字化建设进程。采用网上传输与光盘刻录报送两种方式，能够有效地检索档案全文，充分提升档案的查全率与准确率。

三是促进档案信息共享。档案信息化管理需依据国家最新颁布的规范标准，在技术方面冲破壁垒门槛，增强所构建档案管理系统的统一性，推动系统和互联网应用系统的有机融合，通过互联网使产生与归档及整合信息的流程得以实现，使电子档案的入口更加通畅。档案信息化管理需要对实效进行高度重视，推动资源的共享，实现档案管理工作信息化建设的目标。需加强档案信息资源的建设，推动档案资源数字化的共享进程。

2. 完善档案信息化管理标准体系

档案信息化管理需统一技术规范、数据格式、程序、工作的流程，各个环节能够切合实际的档案信息化管理需求，成系统、分步骤地服务于档案信息化资源。所以，需持续提升档案信息化能力与优化相关标准，需要重视和加强各档案管理部门之间的团结协作，完善档案信息化管理标准体系，快速共享信息数据资源。

档案管理机构需要提高认识，明确具体内容，组织人员进行深入学习，依据各项规范标准有序地开展档案数字化或归档电子档案以及建设数据库等业务，使电子档案数据具备统一的格式，增强规范性与可读性，为共享提供便利条件，提高档案信息化管理的规范化与现代化水平。档案机构需按照信息化管理规范与行业细则，制定档案信息化标准，特别是需要优化管理档案流程，细化信息化步骤，使档案管理实现标准化，保障形成的电子档案具备真实完整性、安全性等特点，在开发与运用档案信息方面迈向标准化与科学化的正轨。具体而言，应结合档案信息化管理实际以及借鉴档案信息化管理的成功经验，在国家档案局制定发布的各项标准的基础上，制定符合自身管理的标准规范。尤其要加强档案信息化全生命周期管理，增强档案信息生成、整理、归档等环节的标准化、规范化。此外，档案部门应加大对档案信息化管理的监督力度，并耐心指导，提出行之有效的方案，严格按照相关标准规范，明确各机关、企事业单位电子档案的处理程序和相关部门及员工的岗位标准与承担的职责。

（五）保障档案管理工作信息安全

1. 档案信息设备安全保障

（1）严格执行档案信息系统的门禁规则

门禁系统包括密码、门禁卡、指纹特征识别等，是保障档案信息安全的第一道防线。在档案管理工作层级分明的管理体制下，确保档案信息系统的门禁系统严格执行，不同工作领域的人员之间，按照档案管理部门制定的规章制度进行跨领域的移动。对各部门各层级以及不同人员之间的流动，进行严格的登记，并且要定期检测档案信息系统的门禁设备，如是否能依部门、日期、时间、人员名称等查询事件进行纪录，有无非法侵入、意外闯入、数据存储记录的保存时间是否满足设计要求等。一方面，对保障档案信息的安全具有良好的效果，另一方面，能够在档案信息安全受损的情况下，责任落实到人。

（2）确保档案信息系统报警设备的灵敏性

档案信息系统的报警设备主要包括声音、红外线以及触动。档案信息系统的报警设备主要针对档案信息安全处于非常规地进行传递、管理、利用等情况。确保档案信息系统报警设备的灵敏性是保障档案信息安全的保障因素。因此，档案管理部门要对探测器的安装方式、有效探测的区间进行定期检测，是否有漏报、误报的情况；对警报声级进行测试，是否满足需求；对警报反馈信息进行核对，是否能够准确地反映信息系统安全风险因素所处的位置。

（3）保障档案信息系统监控设备的覆盖性

档案信息系统的监控设备对保障档案信息安全具有预警作用，其功能主要是对档案及档案设备的监控和对人员的监控。档案监控设备要保证其监控范围能够覆盖整个档案工作环境，定时检测是否存在监控设备覆盖不到的监控死角，并且对监控设备的清晰程度和人员监管也要保证严格按照档案馆所制定的规章制度执行。

2. 档案信息内容安全保障

（1）档案信息格式保障

《电子文件归档与电子档案管理规范》（GB/T 18894—2016）是目前我国在文件格式表达方面较为完整的国家标准，其中规定了八类电子文件类型，包括文本文件（T）、图像文件（I）、图形文件（G）、影像文件（V）、声音文件（A）、超媒体链接结文件（O）、程序文件（P）和数据文件（D），但对规范在各类型档案文件的具体格式方面多半语焉不详。保证信息格式是建立在传统的文档寿命理论基础上的，它把文档的生成、毁灭、永久保存看作一个整体的活动，它可以分成几个阶段，而文档的价值特征、服务对象、保管地点和管理方式都是不同的。理想的电子文件长期存储格式应该具备自描述、自包含、自我校验、可持续解释等核心功能。所以，按照文件的包装复杂程度，可以对其进行归类，从而使其形式更为清晰。例如，一个简单的档案格式，可以仅含有一个没有被压缩的资料的位流，也可以包括要对其进行编码和压缩的译码器，也可以是"容器"或者"封装"。诸如视音频等复杂的格式，通常包括音频、视频、静态图像以及相应的元数据。

（2）档案信息传输安全保障

哈希算法是一个广义的算法，通俗来讲就是接受一个不限长度的输入返回一个固定长度的输出。哈希算法的使用可以提高存储空间的利用率和查询效率，其不可篡改性常常用作数字签名来保障数据传递的安全性，因此哈希算法被广泛地应用在互联网中。档案信息的安全传输可以借助哈希值对信息内容进行特征运算，得出的数字摘要具有不可逆向性，然后通过该数字摘要来锁定档案内容信息，并对该数字摘要文件加盖可信时间戳。由于时间戳具有不可篡改性且不可伪造，在档案信息接收之后可以通过验证时间戳来证明其数字摘要文件是不是原始的，进而证明待接收的档案信息内容的原始性。档案保管机构在接收各机构汇交上来的信息、数据时，可以通过哈希算法验证其原始性，如果对比哈希值一致，即可接收。在档案的共享利用、归档保存等各个环节，都可以通过哈希值对比进行数据的原始性验真，从而确保档案信息在其生命周期的每个环节的信息内容原始性，进而保证档案的原始记录性。对于接收的一方，要及时审查数据和信息内容，然后将无误的信息再次经过哈希算法进行固化，并定期检测数据状态，保证信息安全。

（3）档案信息语义完整保障

所谓区块链，即保存在区块中的信息按照各自产生的时间顺序连接成的链条。这个链条被保存在所有的服务器中，只要整个系统中有一台服务器可以工作，整条区块链就是安全的。在区块链中，这些服务器被称作节点，为整个区块链系统提供储存和计算能力。要在区块链中更改资讯，需要经过超过一半的结点同意，并且在所有结点内更改资讯，而这些资料往往由多个受控者共同控制，所以要在区块链内更改资讯是非常困难的。

相比于传统的网络，区块链有数据不易被篡改和分散两个主要特征。由于这两种特性，使得区块链所能提供的资讯更具真实性和可信度，可以对人们之间的不信任问题进行有效解决。区块链的存储技术特征与数字文件的长期存储需求是一致的。在档案的长期保存中，对区块链技术的使用本质上还是依靠哈希算法不能篡改的特点，从而保障档案信息的原始性和信息内容的完整性。在信息化转型的背景下，档案管理工作的对象不仅仅局限于档案信息本身，还包括对数据的管理，所以档案信息安全保障既要保证其信息内容的安全，还要保证其语义信息的完整。档案信息在信息化背景下的要求已经从"可读"转变为"可理解"，加强档案信息系统的语义识别功能，是保障档案信息在信息化背景下可用、可读、可理解的重要里程碑。

（六）加强信息化人才队伍建设

目前，面对人才短缺尤其是专业化人才不足的情况，应建立档案人员的信息化培训机制，强化在岗人员的培训力度，严把进入关，注重引进档案管理信息化的综合性复合型人才，加强人才团队建设，为档案信息化管理提供保障。

1. 完善档案人员信息化培训机制

针对档案信息化管理专业人才不足的问题，重视内部档案从业人员队伍建设，加大人才的教育与培训力度。档案信息化管理应定期举办档案业务培训班，通过档案从业人员苦练基本功，进一步提升档案整理、收集、归档、利用等各个环节的业务能力，力求"人人适应岗位、人人精通业务、人人胜任工作"。

（1）完善档案职业培训内容体系

首先，需加大培训力度，学习相关制度、流程、方法等基本知识；其次，需在业务实践方面做好培训工作，在计算机与互联网及操作等方面进行培训，采取现场演示及实地指导的方式，切实提高实践水平。

（2）丰富培训形式，提升培训效果

按照档案信息化管理人才岗位特点及专业知识掌握程度，分别采用集中培训、小组交流、经验分享等多种培训方式，满足不同专业技术人员的培训需求。例如，集中培训能够在全员参与的基础上，对档案信息化管理的共性专业知识进行讲解。考虑到集中培训往往存在针对性不强的问题，也可以采用小组讨论、经验分享等多种途径，小范围地对个别环节进行专门培训，提升参培人员的兴趣，保障培训效果。

2. 培育档案信息化管理综合性人才

人才相当于至关重要的建设源，为档案信息化管理得以持续发展提供保障。档案部门首先要树立整体、动态的人才观。在充分挖掘人才潜力的同时，采用外部招聘（尤其是应届生招聘）的方式，引进专业亟须人才，形成专业互补。通常而言，通过专业人才引进、聘用第三方专业人才等多种途径，能够有效解决在档案信息化管理过程中缺失专业人才等问题。在培训与选取及运用和评价档案信息化管理人才时，需遵循德才兼备的原则；在制定人才职业生涯规划时，要结合实际情况，以群体架构为着眼点，充分发挥人才团队的优势。

档案信息化管理需切实提升档案管理人员的综合素质，提升档案管理人员的专业性，同时对于计算机与法律等专业人才有相应的需求，以适应目前日益复杂的档案信息化管理需求。这些亟须的专业人才，既可以通过校园招聘、社会招聘的方式从外部引进人才；也可以从内部从业人员中优中选优，选择能够适应岗位需求的人员，进行选拔与重用。尤其要加强对档案信息、计算机技术、管理理论等综合人才的选拔、引进与培养。在进行外部招聘、引进专业人才的过程中，需要严格把关，既要注重专业人才既有的知识背景能够满足档案管理工作信息化建设的实际需求，又要充分考察拟招录人员潜在的学习与业务能力。招录档案信息化管理人员时，需考虑专业等相关情况，以机构需求为依据，在专业上加长短板，从而构建一支有机结合档案管理、法律等专业的人才团队。

（七）树立档案管理协同治理理念

档案治理的主体具有多元化，在治理过程中，档案管理部门要转变传统的档案管理观念，秉承多元共治的理念，团结协作实现档案善治。

1.转变管理理念，强化治理意识

档案治理现代化理念的提出，意味着档案工作要从传统的档案管理向档案治理现代化转变。档案管理的主体是档案部门，而档案治理的主体具有多元化的性质。在推进档案治理现代化进程中，档案行政主管部门依旧是主导。

（1）加强对外宣传，强化治理意识

档案治理现代化的实现是一个繁重的任务，由于固有的传统观念，档案工作一直是神秘的、专业的，人们的档案意识不强、参与度不高。在信息化飞速发展的今天，人们主动参与档案治理的意识仍然薄弱。所以，要想构建档案治理体系、实现档案治理现代化，首先要打开思想这个总开关，通过加强宣传，如利用微信公众号进行宣传，扩大档案工作的影响力，引导人们参与到档案治理中。

（2）转变传统观念，引导多元共治

档案治理的主体存在多样性，因此在治理活动中，档案机构应改变传统的档案管理思想，坚持多元共治的原则，不再把自身当作纯资料的消费者，而是充分调动人民群众的力量，团结协作实现档案善治。

（3）树立元治理念，发挥主导作用

因档案工作的特殊性，档案治理过程中要树立档案部门元治理念，即在档案治理过程中，档案管理部门起到主要作用。档案主管部门主导档案事务毋庸置疑，当各主体间出现利益纷争时，必须由档案主管部门进行协调；同时，在指导促进社会力量介入档案治理的过程中，档案主管部门也要适度放权，与社会各界合理分权，并充分利用社会团体、中介机构的人员优势、技能优势，以提高人民群众参加档案治理工作的积极性和主动性。

2. 创新服务理念，增强服务意识

"局馆分设"后，档案馆的第一任务便是档案服务事业。在这一管理体制下，需要科学合理地界定各方面的服务功能，全面革新服务观念，提高档案馆文化服务的能力。要做好档案服务工作，首先要树立主动为民服务的理念。受历史的发展环境影响，档案工作人员始终都是提供被动服务，只有用新思维、新办法，才能拓宽档案利用服务的新天地。档案管理者需要从以下几个方面入手。

（1）树立"以人为本"的服务理念

新公共服务理论中指出，应当重视公民权利，尤其重视利用档案的使用者的信息获得权利。在使用过程中，档案管理人员要有良好的服务态度，面对档案利用者要耐心、热心、细心，要认真倾听他们的利用诉求，做到服务热情。

（2）为利用者提供个性化服务

信息时代，档案信息受众类型也越来越明确，此时人们的信息要求产生了变化，他们更渴望多样化需求，以方便地获得所需要的信息资料，这就需要档案管理人员针对档案信息用户的需要、使用情况、利用方法等细节，进行采集、跟踪与研究，预判利用者想要获得的信息并推送给利用者，为他们提供精准匹配服务。

（3）提供智能化服务

档案技术的最高层次是自动化的，步入了数字社会以后，随着技术水平的提升，档案方面的管理水平也将随之提升。档案保管单位建设智能档案数据处理系统，利用软件系统高效实现数据分析工作，为资料利用创造快捷的途径。这不但有利于档案保管单位挖掘隐形资料信息，而且有利于档案业务向信息价值跨越，进而达到档案信息的流动便利与广泛传播。

（4）发展知识化服务

档案业务在未来的主要发展方向是档案的知识化业务，它是一个基于互联网环境而衍生的开放式业务体系，以大数据时代世界领先的信息技术为支点，以利用档案资源为核心，以发掘档案知识价值为重心，以档案知识的运用与创造为目标，并利用知识管理理念，以最终实现对档案知识的搜索与提取、集成与加工、共享与交流。

3. 扩大宣传影响力，加强与社会力量合作

（1）加强文化服务品牌建设

以"精细严格、灵活简便、管用有效"为工作准则，建立操作标准。在标准化操作的基础上，拓展查档业务，打造网上查档、微信查档等多样化业务，实现档案的零距离利用，全面提升档案服务水平。

（2）加强与社会机构合作

进入大数据时代，档案总量的扩大、社会人民群众对档案要求的变化、档案业务工作的外延以及计算机技术的广泛运用，都缩短了档案工作与社区、人民群众之间的距离。档案保管部门只有加强与社区组织机构之间的协作，才能推动档案事业的发展。一方面，要加强同中介服务机构的协作，在搞好监督管理服务工作的同时，积极引导并支持档案中介服务单位利用专业知识为相关机构开展法律咨询服务；另一方面，要做好与网络服务商的协调工作，通过与网络服务商的合作，提高筛选档案的质量，再通过数据开发公司专业人才、技术软件的帮助，协作完成对电子档案的管理与应用。

（八）健全档案管理信息化工作机制

1. 加强档案巡视巡察监督

构建档案巡视巡察体系，把档案工作纳入巡视巡察的工作范围，着重巡视巡察各部门推动档案信息化管理工作，切实增强档案工作的政治责任，推进档案治理体系和治理能力向现代化转型。建立巡视巡察清单，将档案工作应当承担的法定职责列入巡视巡察内容，系统梳理出落实档案工作责任的巡视巡察重点，以清单化方式列出如档案信息化管理、档案工作组织管理、档案工作制度执行、档案业务规范、档案依法移交等巡察具体内容，从而保证档案工作的各项要求得到全面落实，进一步夯实档案管理工作的基础。以信息化手段，创新"线上＋线下"同步巡察方式，通过数字档案协同管理系统的线上执法功能科学运用到档案工作巡视巡察中，及时掌握被巡视巡察单位档案工作运行情况，使巡视巡察工作更全面、更细致，问题更加精准，有利于推动解决档案工作领导"无力"、档案资料收集不齐全、档案服务群众工作效率不高等问题，进而推动档案巡视巡察监督的高效开展。

2. 强化档案督查考核工作

强化档案管理工作的督查检查考核，形成档案信息化管理工作强而有力的抓手。一方面，发挥好考核指挥棒效应，将档案管理工作纳入年度综合考核，在各单位共性工作中予以赋分，同时加大对档案信息化管理工作的内容分值，年底给各单位打打分、排排名、分分档，推动形成"你追我赶、比学赶超"的良好氛围。另一方面，发挥好督查利剑作用，将档案工作纳入年度督查检查考核计划，允许对档案管理工作进行实地督查，加强对各政府部门档案信息化管理工作开展情况的检查，形成强大震慑，督促落实整改，进一步推动档案信息化管理工作的落实。

参 考 文 献

［1］毕然，严梓侃，谭小勤．信息化时代企业档案管理创新性研究［M］．北京：新华出版社，2022.

［2］边卫军，周艳丽，马凤波．文书与档案管理［M］．长春：吉林大学出版社，2010.

［3］陈超．档案工作的美学研究［M］．延吉：延边大学出版社，2019.

［4］陈莉．档案信息化管理现状与对策思考［J］．兰台内外，2022（31）：58-60.

［5］崔艳平．档案信息化管理现状和对策探究［J］．兰台内外，2022（26）：4-6.

［6］段艳丽．档案信息化建设在医院档案管理中的价值及地位［J］．办公自动化，2023，28（2）：53-55.

［7］韩继红．现代企业档案管理工作的信息化建设浅谈［J］．办公室业务，2018，297（16）：63.

［8］何小琴．档案信息化建设与工程档案管理［J］．兰台内外，2021，341（32）：4-6.

［9］黄美玲．大数据背景下企业人事档案信息化建设研究［J］．就业与保障，2022（11）：73-75.

［10］黄霄羽．档案馆应用社交媒体创新档案服务研究［M］．北京：九州出版社，2020.

［11］黄欣欣．现代企业档案管理工作的信息化建设探析［J］．兰台内外，2019，256（19）：79-80.

［12］季朝辉．数字化背景下档案的信息化管理研究［J］．造纸装备及材料，2022，51（9）：198-200.

［13］贾玮娜．档案管理系统的设计与实现［M］．长春：吉林文史出版社，2017.

［14］雷晓蓉，刘婉欣，杨雯.浅议新时代科研档案工作创新：问题、思路、途径［J］.机电兵船档案，2022（5）：66–68.

［15］李蕙名，王永莲，莫求.档案保护学与科技档案管理工作［M］.沈阳：辽宁大学出版社，2020.

［16］李丽娜.现代企业档案管理工作信息化建设探析［J］.办公室业务，2020，339（10）：91–92.

［17］李雯娟.档案管理的信息化发展趋势［J］.办公自动化，2021，26（18）：56–57.

［18］李霞.电子档案管理在推进档案工作信息化建设中的应用［J］.中小企业管理与科技（中旬刊），2020，626（10）：10–11.

［19］林伟娟.档案信息化建设与档案管理的几点思考［J］.文化产业，2022（33）：16–18.

［20］刘思洋，赵子叶.文书管理学与档案管理[M].长春:吉林科学技术出版社，2019.

［21］刘亚静.档案管理信息化与自动化探索［M］.天津：天津科学技术出版社，2018.

［22］刘洋.档案信息化服务的特点、架构与实践［J］.兰台内外，2022（36）：40–42.

［23］柳芳.人事档案管理信息化建设的必要性与建设策略研究［J］.办公室业务，2021，377（4）：175–176.

［24］卢捷婷，岑桃，邓丽欢.互联网时代下档案管理与应用开发研究[M].北京:北京工业大学出版社，2022.

［25］马爱芝，李容，施林林.信息时代档案管理工作理论及发展探究［M］.长春：吉林大学出版社，2022.

［26］莫求，杨佐志.档案管理工作的实践、探索与研究［M］.长春：东北师范大学出版社，2018.

［27］潘潇璇.档案管理理论研究［M］.延吉：延边大学出版社，2018.

［28］宋玲.大数据背景下档案管理与数字化建设研究［J］.黑龙江档案，2022（6）：121–123.

［29］孙晓冉.数字转型背景下档案信息化标准建设研究［J］.科技资讯，2022，20（23）：215–218.

［30］谭萍．基于大数据环境下创新型档案管理与服务研究［M］．长春：吉林人民出版社，2020.

［31］宛钟娜，王欣，何大齐．文书与档案管理［M］.成都：电子科技大学出版社，2019.

［32］王立杰．新时期档案信息化建设的策略研究［J］.文化产业，2022（32）：22-24.

［33］尉京明．档案管理工作的信息化转变思路［J］.中国管理信息化，2017，20（22）：184.

［34］吴良勤，雷鸣．信息工作与档案管理［M］.武汉：华中科技大学出版社，2011.

［35］吴雅婷．企业档案管理信息化建设策略探析［J］.信息记录材料，2021，22（12）：198-199.

［36］夏利宏．档案管理工作信息化建设讨论［J］.科技创新导报，2016，13（5）：79.

［37］谢方．数字音像档案研究与开发应用［M］.北京：中国广播影视出版社，2017.

［38］徐世荣．档案信息化建设与管理创新研究［M］.长春：吉林文史出版社，2021.

［39］许静．信息化背景下档案管理工作现状与优化策略［J］.办公室业务，2019，321（16）：118.

［40］许玉新．提升单位档案管理信息化建设水平的策略［J］.黑龙江人力资源和社会保障，2021，460（17）：96-98.

［41］杨学锋．现代化档案管理与服务研究［M］.北京：中国商务出版社，2018.

［42］杨竹兰．新时期企业档案管理信息化构建分析［J］.城建档案，2021，263（8）：18-19.

［43］叶金霞．加强数字化建设提升档案管理信息化水平［J］.今日财富，2021，372（24）：49-51.

［44］张杰．信息时代下档案管理工作创新研究［M］.长春：吉林大学出版社，2020.

［45］张丽波．互联网时代信息化建设上面临的问题及对策：基于档案管理工作［J］.现代商业，2017，463（18）：96-97.

［46］张燕.大数据时代背景下的档案管理工作研究［M］.沈阳：东北大学出版社，2019.

［47］赵传国.档案管理信息化建设的重点探讨［J］.黑龙江档案，2021，247（4）：382-383.

［48］赵吉文，李斌，朱瑞萍.数字图书馆建设与档案管理［M］.汕头：汕头大学出版社，2021.

［49］赵旭.档案管理现状的研究与分析［M］.天津：天津科学技术出版社，2018.

［50］郑利达.新时期企业档案管理与创新初探［M］.长春：吉林人民出版社，2017.

［51］郑茹楠，吴昊，岳海涛.新形势下档案管理工作信息化定位与思考［J］.河南水利与南水北调，2019，48（8）：83-84.